高职院校大学生创新创业教育研究

◎ 郑 琦 著

湘潭大学出版社
XIANGTAN UNIVERSITY PRESS

图书在版编目（CIP）数据

高职院校大学生创新创业教育研究 / 郑琦著. -- 湘潭 : 湘潭大学出版社, 2023.4
ISBN 978-7-5687-1060-2

Ⅰ. ①高… Ⅱ. ①郑… Ⅲ. ①大学生一创业一高等职业教育一教材 Ⅳ. ① G647.38

中国国家版本馆 CIP 数据核字（2023）第 069906 号

高职院校大学生创新创业教育研究

GAOZHI YUANXIAO DAXUESHENG CHUANGXIN CHUANGYE JIAOYU YANJIU

郑琦 著

责任编辑：刘文情
封面设计：张　波
出版发行：湘潭大学出版社
社　　址：湖南省湘潭大学工程训练大楼
电　　话：0731-58298960 0731-58298966（传真）
邮　　编：411105
网　　址：http://press.xtu.edu.cn/
印　　刷：长沙鸿和印务有限公司
经　　销：湖南省新华书店
开　　本：710 mm×1000 mm 1/16
印　　张：12.75
字　　数：209 千字
版　　次：2023 年 4 月第 1 版
印　　次：2023 年 4 月第 1 次印刷
书　　号：ISBN 978-7-5687-1060-2
定　　价：50.00 元

目　录

第一章　大学生创新创业教育概述

第一节　创新与创新精神

一、创新的科学内涵

创新是人类为了满足自身需要，以新思维、新发明和新描述为特征，不断拓展对客观世界的认识能力和实践能力的活动，是人类主观能动性的高级表现形式。在西方，英语中 innovation（创新）这个词起源于拉丁语，它有 3 层含义：第一层含义是更新，就是对原有的东西进行替换；第二层含义是创造新的东西，就是创造出原来没有的东西；第三层含义是改变，就是对原有的东西进行改造。在汉语中，“创新”一词也出现得很早，有“革弊创新”“创新改旧”等说法。《现代汉语词典》中对创新的解释是：抛开旧的，创造新的；创造性；新意等。

美籍奥地利经济学家熊彼特较早地给创新以系统定义。1912 年，熊彼特在其著作《经济发展理论》中提出创新理论。他指出，创新是指企业家对生产要素“进行新的组合”，从而获得超额利润的过程。这种新的组合包含了 5 种情况：一是引入一种新产品或提供一种新的产品质量；二是采用一种新的方法；三是开辟一个新的市场；四是获得一种原料或半成品的新的供给来源；五是实行一种新的企业组织形式。在熊彼特创新概念的基础上，人们进一步提出技术创新、产品创新、过程创新、制度创新、体制创新等一系列概念，并将微观领域的创新活动上升到国家宏观层面，提出国家创新体系等概念。

虽然学术界对“创新”尚未有统一定义，但是从一般的意义上来看，我们认为，创新是指打破已有的思维模式或常规的思路和见解，利用有限的资源在特定的环境下改进或创造新的事物，探索新的方法和路径，并取得一定效果的行为和过程。具体来讲，可从以下几方面进行理解。

（1）创新是获取收益中的一个阶段。在这个阶段，需要突破常规，打破传统，产生新设想和新概念，并将其发展到实际应用的阶段。

（2）创新是创造和引进某种有用的新事物的过程。在这个过程中，从发现潜在的需求开始，运用知识或相关信息进行创造，并经历事物的可行性检验，直至新事物的广泛应用为止。

（3）创新具有解决问题的作用。创新可以在解决经济问题、社会问题和技术问题等范围内发挥广泛的作用，它是每个人都可以参与的事业。

（4）创新以取得的成果和成效为评价尺度。任何创新活动的目的都是为了取得一定的成果并推广应用，根据成果和成效可以分为小级别创新、突破性创新和里程碑式创新。

二、创新的特点和类型

（一）创新的特点

从创新的定义和含义可以看出，创新是对于重复、简单的劳动方式的否定，是对原有事物进行根本性变革或综合性改造，它具有以下几方面的特点。

1. 目标性

创新的目标就是通过创新活动，在一定时期内预期所要达到的结果。不同的创新活动具有不同的目标，企业创新活动的目标是提高核心竞争力，从而赢得市场。

2. 变革性

创新是对原有事物的改革和革新，是一种深刻的变革。只要变革的方向正确，目标明确，就可以打破已有限制，获得更大的生存空间。

3. 新颖性

创新的新颖性是指创造者对现有的事物进行扬弃，革除过时的内容，创造出前所未有的东西。

4. 前瞻性

由于创新就是相对于他人的首创行为，因此创新往往超前于社会认识，能把握到未来事物的发展方向。

5. 价值性

价值性不是单纯提高产品的技术竞争力，而是通过为顾客创造更多的价值来争取顾客，赢得企业的成功，由此开辟一个全新的、非竞争性的市场空间。

（二）创新的类型

1. 产品创新

产品创新就是研究开发和生产出更好的、用以满足顾客需求的产品，使其性能更好，外观更美，使用更便捷、更安全，总费用更低，更符合环境保护的要求。因为产品是满足社会需要、参与竞争、直接体现企业价值的东西，所以这是企业创新的主要任务。产品创新可在 3 个层面上实现：开发出具有新功能的产品，例如 3D 打印产品；产品结构方面的改进；外观方面的改进。

2. 技术创新

技术创新是指采用新的生产方法或新的原料生产产品，以达到保证质量、降低成本、保护环境或使生产过程更加安全和省力。技术创新可在 4 个层面上实现。

（1）工艺路线的革新，这是生产方式思路的改变。例如，用精密铸造、精密锻造粉末冶金代替金属切削生产复杂的机械零件，可大大缩短生产周期，降低成本。

（2）材料替代和重组。例如，前几年，美国农产品过剩，农场主负债累累，政府补贴农业财政负担沉重。堪萨斯、卡罗来纳等州的农民与大学合作，从环保角度出发，以农产品做原料生产工业产品，比如用玉米生产一次性水杯、餐具和包装盒；从玉米中提取燃烧用的乙醇；从大豆中提取润滑油替代石油产品等，受到市场欢迎，政府决定给予减税和强制推行等政策支持。

（3）工艺装备的革新。例如，用电脑绣花机代替手工绣花；用数控机床代替手动操作机床等。

（4）操作方法的革新。用更省力、更高效的操作方法代替过去的一些传统的、不适应现代技术进步的操作方法。

3. 制度创新

制度创新是从社会经济角度来分析企业系统中各成员间正式关系的调整和变革。制度是组织运行方式的原则规定。企业制度主要包括产权制度、经营制度和管理制度 3 方面的内容。

4. 其他方面的创新

其他方面的创新包括商业模式创新、结构创新、环境创新、市场创新等。

三、创新的原则和阶段

（一）创新的原则

1. 科学性原则

创新必须遵循科学技术原理，不得有违科学发展规律。因为任何违背科学技术原理的创新都是不能获得成功的。

2. 市场性原则

创新设想要获得最后的成果，必须经受走向市场的严峻考验。爱迪生曾说："我不打算发明任何卖不出去的东西，因为不能卖出去的东西都没有达到成功的顶点。能销售出去就证明了它的实用性，而实用性就是成功。"创新设想经受市场考验，实现商品化、市场化要按市场评价的原则来分析。其评价通常是从市场寿命观、市场定位观、市场特色观、市场容量观、市场价格观和市场风险观 6 方面入手，考察创新对象的商品化和市场化的发展前景。而最基本的要点则是考察该创新的使用价值是否大于它的销售价格，也就是要看它的性能是否优良、价格是否合适。

3. 择优性原则

创新产物不可能是十全十美的。在创新过程中利用创造原理和方法从而获得许多创新设想，它们各有千秋，这时就需要人们按相对较优的原则，从创新技术先进性、创新经济合理性、创新整体效果性等方面对设想进行判断选择。

4. 简洁性原则

在现有的科学水平和技术条件下，如不限制实现创新方式和手段的复杂性，所付出的代价可能远远超出合理程度，使得创新的设想或结果毫无使用价值。在科技竞争日趋激烈的今天，结构复杂、功能冗余、使用烦琐已成为技术不成熟的标志。因此，在创新过程中要始终贯彻机理简单的原则。

（二）创新的阶段

英国心理学家沃勒斯提出了创新的“四阶段理论”。该理论认为创新过程应包括准备期、酝酿期、顿悟期和检验期等阶段。

1. 准备期

这是创新过程的基础阶段。这一阶段的特点主要是在积累知识的过程中检查和清理问题，确定创造的方向和目标。在这个阶段，提出问题、搜集资料和提出假设是最为重要的步骤。

（1）提出问题。创新者能明确地提出问题就等于问题已经解决了一半。为了能正确地提出问题，首先必须了解引起问题所依据的重要事实，以及在解决问题时已具备的前提条件，如理论水平和研究积累的科学事实等。

（2）搜集资料。在这一阶段，必须着手挖掘一切行之有效的方法，即尽可能地围绕问题搜集资料、形成概念、储存经验，以便为进行创新活动奠定良好的基础。没有资料，分析问题就缺乏客观的依据，创新就如同失去了根基，便会成为空中楼阁。

（3）提出假设。创新都是以假设为前提的，只有进行可行性的假设，才能从不同的事物中发现共同的东西，从未知的事物中找出已知的东西，从已知的事物中预测未知的东西。有了假设，特别是想象假设，才能发现自然界和社会生活中的新规律，成为新事物的发明者和创新者。

2. 酝酿期

这是创新过程的运作阶段。酝酿阶段是对各种材料进行深入细致的分析，进行消化、吸收，并提出问题和解决方案的过程。这一过程是创造性思维过程中最为艰苦的阶段，也是智力和意志活动付出最大努力的阶段。

为了把自己调整到创新的状态上来，创新者必须从熟悉的思考模式以及对某事的固定成见中摆脱出来，打破看问题的习惯方式。为了避免习惯的“智慧”束缚，可以用以下几种技巧来进行酝酿：

（1）群策攻关法。群策攻关法是艾利克斯·奥斯伯恩于1963年提出的一种方法，它建立在与他人一起工作从而产生独特的思想，并创新地解决问题的基础上。在创新攻关期间，一般是几组人在一起工作，在特定的时间内大家提出了尽可能多的思想，但并不对它们进行判断和评价。因为这样做会抑制思想自由的流动，阻碍人们提出建议。批判的评价可推迟到后一个阶段。

（2）创造“大脑图”。“大脑图”是一个具有多种用途的工具，它既可用来提出观点，也可表示不同观点之间的多种联系。在一张纸的中间写下主要的专题，然后记录所有能够与这个专题有联系的观点，并用线把它们连起来；让大脑自由地运转，跟随它一起去建立联系的活动。通过尽可能快地工作，让其自然地呈现出结构，反映出大脑自然地建立联系和组织信息的方式；在新的信息和不断加深理解的基础上，修改其结构或组织。

（3）做好梦境记录。为了抓住所做的梦，不妨经常在梦醒时分，把所能回忆起来的梦的情景记下来，通过梦境中的内容寻找创新的元素。

3. 顿悟期

这是创新过程的收获阶段，常常被称为“直觉的跃进”“思想上的光芒”。顿悟是与直觉和灵感具有一定联系的思维现象。进入这一阶段，问题的解决一下子变得豁然开朗，思维范围扩大，以往百思不得其解的难题，瞬间得到破解。必须指出，顿悟和灵感绝不是什么神秘的东西，也不是无法说清的东西。它同前面的准备和酝酿是分不开的。顿悟如果离开人们长时间的实践，离开高度集中化与紧张化的思考，是不可能产生的，它是一个人长期实践、长期思考、艰苦劳动的产物。

4. 检验期

这是创新过程的反思阶段。只有通过验证，才有可能证实创造成果的价值。豁然开朗阶段之后，创造性思维已经获得了初步的思维成果，提出了一定的假设和解决问题的方案。但是，通过灵感获得的结果也未必合理，所以还要通过严密的逻辑推理，或是实验操作对这一结果的合理性进行检验。在验证过程中，可以发现原有设想的不足和缺点，可以对其进行修正、补充，使其逐步完善。也可能这一假设经受不住考验被全盘否定，但在这一过程中对材料进行了深入细致的分析与思考，为新思路的提出奠定了坚实的基础。

四、创新意识及培养

（一）创新意识

创新意识是指人们根据社会和个体生活发展的需要，引起创造前所未有的事物或观念的动机，并在创造活动中表现出的意向、愿望和设想。它是人类意识活动中的一种积极的、富有成果的表现形式，是人们进行创造活动的出发点和内在动力，是创造性思维和创造力的前提。

创新意识包括创造动机、创造兴趣、创造情感和创造意志。创造动机是创造活动的动力因素，它能推动和激励人们发动和维持进行创造性的活动。创造兴趣能促进创造活动的成功，是促使人们积极探求新奇事物的心理倾向。创造情感是引起、推进乃至完成创造的心理因素，只有具有正确的创造情感才能使创造成功。创造意志是在创造中克服困难，冲破阻碍的心理因素，创造意志具有目的性、顽强性和自制性。

（二）大学生创新意识的培养

创新是一个民族进步的核心，是一个国家兴旺发达的不竭动力。创新意识和创新思维是创新教育的核心。培养学生的创新能力必须培养学生的创新意识。21 世纪是知识经济时代，知识经济的本质就是创新，培养创新意识是对新时代大学生提出的基本要求，也是大学生必备的素质。

1. 破除创新思维枷锁

影响大学生进行创新思维的枷锁大致有如下 5 种：从众型思维枷锁、权威型思维枷锁、经验型思维枷锁、书本型思维枷锁、自我贬低型思维枷锁。对于大学生来说，思维的枷锁就像一座监狱，只有将守旧观念丢掉，勇于冲破思维藩篱，才能走进创新的世界。

2. 充分激发创新思维潜能

精通所学，兴趣广泛。创新绝不是无本之木、无源之水，唯有打牢知识的基础，才有可能创新。因此，大学生应精通所学课程，并培养广泛的阅读兴趣。

处处留心皆学问。学习绝不仅限于课堂和书本，事实上，学习无处不在。与他人交流是学习，上网是学习，看电视也是学习，其关键在于我们是不是用心。例如，看古装电视剧时我们可以了解一些历史知识，如古人的习俗、衣着、饮食习惯、家具陈设以及计谋等；看现代电视剧可以了解当代年轻人所思所想所为等。

理论与实践相结合。读万卷书，行万里路，唯有理论与实践相结合，理论才有意义。大学生应该活读书、读活书，而不应死读书、读死书。只有精通理论，才可能去进行实践，只有拥有丰富的实践经验，才可能产生新的理论。

打破砂锅问到底。大学生要培养自己的创新意识，应富有怀疑精神，探究各种事物的本源及其实质。

投身社会实践。“实践是检验真理的唯一标准”，要开发大学生的创新意识，培养大学生的创新能力，必须让大学生投身于社会实践中。只有在实践中才能找出想与做的差距，创新理念才能变为现实，创新意识、创新能力才能得到真正的发展。

第二节　创业与创业精神

一、创业的科学内涵

“创业”一词有着较宽泛的解读，“创”，即开始、创造、开创、设立之意；《现代汉语词典》对“业”的解释是指学业、事业、功业、家业、产业、职业、行业等。在英文中“创业”有两种表述方式：一是“venture”，二是“entrepreneusrhip”。莫里斯（Morris，1998）从最流行的创业观点中总结出创业的7种本质，从创业的“创造”功能角度来诠释创业，如表1-1所示。

表1-1 创业的本质

序号	本质	内涵
1	创造财富	创业是根据目标做出的风险决定，通过生产产生利润
2	创造企业	创业涉及新交易的建立
3	创造革新	创业包括独特能源的组合，旨在创造新的产品、工序、组织形式、能源供应和市场
4	创造变化	创业是一系列的改变过程，暗示着为了捕捉不同的有效市场机遇而做出的改变
5	创造就业	创业包含雇佣、管理、开发和生产（包含劳动力在内）等要素的发展
6	创造价值	创业为了开发新的机遇以创造价值
7	创造成长	先发制人（积极）地在利润、销售额、资产和雇佣方面促进增长

综合以上对于创业的理解，我们认为，创业是指发现市场商业机会，将拥有的资源进行整合，通过创建企业或企业组织结构创新，将商业机会转化为盈利模式，从而创造出更多财富和价值的过程。创业有广义和狭义之分，广义的创业是指创业者的各项创业实践活动，狭义的创业是指创业者的生产经营活动，主要是开创个体和家庭的小企业。

从以上关于创业的定义可以看出创业有以下几方面的含义：

（1）创业的潜在价值需要通过市场来体现，即市场是实现财富的渠道；

（2）创业的本质在于对商业价值的发掘与利用，即要创造或认识到事物的商业用途；

（3）创业的目的是创造财富、实现人生价值。创业者进入市场、创建实业，是生活态度和生活方式的巨大转折，是为自己创建一个发挥才华、施展抱负、奉献社会、实现人生价值、报效国家的舞台。

二、创业的特点和类型

（一）创业的特点

1. 创业是主动进行的创造活动

知识经济的不断发展，对人们的素质提出新要求。在此背景下，人们会主动去开拓一种新的生存理念和生存模式，来改变人们原有的生活方式，提高人们的生存能力。

2. 创业是创造价值的过程

创业是对社会资源的重新组合、配置和利用，创造更多价值、新事物的过程。

3. 创业带有一定的风险

创业环境的不确定性，创业机会与创业企业的复杂性，创业者、创业团队与创业投资者的能力与实力的有限性，都会给创业带来一定的风险，导致创业的失败。

（二）大学生创业的特点

1. 大学生创业具有激情性

刚进入社会的大学生年轻有活力，勇于拼搏，无太重负担，具有较强的社会适应能力；自信心较强，对自己认准的事物会有激情去实践。

2. 大学生创业具有知识性

大学生通过在学校的专业学习，掌握了一定的专业技能及专业知识作为创业的基础。

3. 大学生创业具有创新性

大学生思维活跃，接受新事物较快，创意新、点子多。

4. 大学生创业经验缺乏

大学生意气风发，对创业满怀希望，但难免经验不足，缺乏对市场的了解，对风险和困难的抵抗力较为薄弱。

（三）创业的类型

创业类型的划分有许多方式，比较常见的是按照创业的动机、创业的起点、创业项目类型、创业方向或风险，以及创新内容进行划分。

1. 按创业动机分

创业可分为机会型创业与就业型创业。机会型创业是指创业者的出发点并非谋生，而是为了抓住、利用市场机遇。就业型创业是指创业者为了谋生而自觉或被迫地走上创业之路。

2. 按创业起点分

创业可以分为创建新企业和企业内创业。创建新企业是指创业者个人或团队从无到有地创建出全新的企业组织。这个创业过程充满挑战和刺激，个人的想象力、创造力可得到最大限度的发挥，但风险和难度也很大，创业者往往缺乏足够的资源、经验和支持。企业内创业是指在现有企业内的有目的的创新过程。

3. 按创业项目类型分

创业可分为传统技能型创业、高新技术型创业和知识服务型创业。传统技能型创业是指使用传统技术、工艺的创业项目；高新技术型创业是指知识密集度高，带有前沿性、研究开发性质的新技术、新产品项目；知识服务型创业是指为人们提供知识、信息的项目。

4. 按创业方向或风险分

创业可分为依附型创业、尾随型创业、独创型创业和对抗型创业。依附型创业是指依附于大企业或产业链而生存，为大企业提供配套服务，或者使用特许经营权；尾随型创业指模仿他人创业，“学着别人做”；独创型创业是指提供的产品或服务能够填补市场空白；对抗型创业是指进入其他企业已形成垄断地位的某个市场，与之对抗较量。

5. 按创新内容分

创业可分为基于产品创新的创业、基于营销模式创新的创业和基于组织管理体系创新的创业。基于产品创新的创业是指基于技术创新或工艺创新等产生了新的消费群体，从而导致创业行为的发生；基于营销模式创新的创业是指采取有别于其他厂商的市场营销模式，因而有可能给消费者带来更高的满足度；基于组织管理体系创新的创业是指采取有别于其他厂商的企业组织管理体系，因而能够更高效地实现产品的商业化和产业化。

三、创业的原则和过程

（一）创业的原则

1. 适应性原则

创业初期，不适宜选择不切合实际的大型项目，要选择感兴趣、熟悉的项目进行，至少在做之前已经跟别人学习过，或者做过长时间的调研分析，对项目有清晰的认知，尤其是对风险的认知。

2. 市场性原则

对于初创者来说，创意很重要。但是，产品的市场和销售往往比创意更重要。往往有很多创业者认为自己发现了一种新的商业模式，但实际操作中会发现行不通。没有销售渠道，再好的创意也没法变现。所以，在创业的初始阶段，相对于好的创意，怎样把你的产品或服务卖出去更为重要。

3. 资金可控性原则

现金流是一个项目的血液，能够给自己和团队持续发展的激情，无论现金流是来自真实的收入还是投资，都要尽早实现现金流入，避免创业过程中由于现金流中断而带来的亏损问题。同时，要有止损底线，要敢于下决心喊停。

4. 实践性原则

创业者一定要对自己的事业有掌控力，但凡能做出一番成绩的创业者，初期一定是亲力亲为的舵手，不仅把握方向，还要渗透到项目细节、客户维系和具体运营之中。马云、马化腾、乔布斯等在创业初期，也都是各自企业的产品经理和业务经理，只是到后来，才慢慢地去主抓大方向和定战略。

5. 目标性原则

创业初期，目标一定要简单清晰，要了解目标聚集战略，将资源、资金和人力、精力集中于某一项主业上，避免“系统化”“整合”等多元化的发展战略和目标。

（二）创业的过程

创业过程包括从产生创业想法到创建新企业并获取回报的整个过程，通常可分为以下几个主要环节。

1. 产生创业动机

创业动机是创业的源动力，它推动创业者去发现和识别市场机会。创业活动的主体是创业者，创业活动首先取决于个人是否希望成为创业者。创业动机不仅是打算创业的一时冲动，更是对创业目标与预期收益的深思熟虑。

2. 识别创业机会

识别创业机会是对可能成为创业机会的诸事件的分析和对创业预期结果的判断。创业机会一般分为两种：一种是意外发现的，一种是经过深思熟虑才发现的。国家产业政策的调整、新技术的出现、人口和家庭结构的变化、人们的物质和精神需求的变化、流行时尚等都可能形成创业机会。创业者应该具有敏锐的嗅觉，能够及时、准确地识别创业机会，将知识、经验、技能和其他市场所需的资源进行整合。

3. 整合有效资源

资源是创业的基础性条件，整合资源是创业者开发机会的重要手段。强调整合资源，是因为创业者可以直接控制的可用资源往往很少，许多成功的创业者都有白手起家的经历。创业者需要整合的资源包括基本信息（有关市场、环境和法律问题）、人力资源（合作者、最初的雇员）、财务资源等。

4. 创建新企业

创建新企业需要进行大量的准备工作，其中创业计划、创业融资和注册登记尤为关键。创意能否变成行动，关键看其能否形成一个周密的创业计划；资金往往成为创业企业的“瓶颈”，创业融资在企业的创建过程中至关重要；当创业者完成创业计划并获得融资之后就可以按照法定程序进行注册登记，包括确定企业的组织形式、设计企业名称、向工商行政管理机关提出企业登记注册申请、领取营业执照等。

5. 实现价值

创业者整合资源、创建新企业的目的是实现价值，并通过实现价值来实现创业目标。

6. 获得创业回报

创业回报是创业活动的目的，有助于强化创业者对事业的执着。

四、创业精神

（一）创业精神的内涵

哈佛大学商学院对创业精神的定义是："创业精神就是突破现有资源限制而追求商机的精神。"从这个角度来讲，创业精神是突破资源限制，捕捉和利用机会，敢于承受必需的风险，为创造新的某种价值努力发挥创造力，实现创新的一种心理过程。

1. 创业精神的核心是创新

创业精神蕴含着创新，正如德鲁克所说：创业精神是一个创新过程，在这个过程中，新产品或新服务被确认、被创造，最后被开发出来产生新的财富创造的能力。缺乏创新，就不会有新企业的诞生和小企业的成长壮大。

2. 创业精神的天性是冒险

没有甘冒风险和勇担风险的勇气，就不能成为创业者。中外无数创业者虽然成长环境、成长背景和创业机缘各不相同，但无一例外都是在条件极不成熟和外部环境极不明晰的情况下，敢为人先，勇于做"第一个吃螃蟹的人"。

3. 创业精神的精髓是合作

在当今社会，行业分工越来越细，没有谁能一个人完成创业所需要完成的所有事情。真正的创业者都是善于合作的，而且还能将这种合作精神扩展到企业的每个员工。面临困境时，团队成员能团结一心，"心往一处想，劲往一处使"。

4. 创业精神的本色是执着

创业的道路是坎坷的，选择了创业就是选择了面对更多困难、迎接更多挑战，而创业精神就体现在战胜困难与挑战的过程中。因此，创业者必须坚持不懈，只有在战胜困难中学会成长，才能抓住真正的成功机会。

（二）大学生创业精神的培养

1. 树立“广谱式”创业精神培育观

2015 年 5 月，国务院颁布实施《关于深化高等学校创新创业教育改革的实施意见》（以下简称《意见》），明确指出创新创业教育“面向全体、分类施教、结合专业、强化实践”的基本原则，并明确了“普及创新创业教育”的总体目标。因此，要从学生做起，广泛而持久地开展创新创业教育。

2. 培养全面发展的能力

第一，要培养自己的创新思维能力，善于在已有经验的基础上，发现新事物、创造新办法，从而解决问题。第二，大学生要勇敢面对挫折，具有坚定的创业意志品质。第三，大学生要培养吃苦耐劳的精神。吃苦耐劳的精神是指一个人在面对困难并克服困难的过程中，磨炼出的一种比较坚定的、持续的意志品质和顽强的精神。大学生在平时生活中，必须抵制奢侈浪费、过度追求物质享受等不良社会思潮的渗透与蔓延，消除其带来的不利影响。第四，大学生要培养危机意识。当今市场竞争越来越激烈，如果缺乏危机意识，离成功就也越来越远。大学生可以通过创业竞赛、创业实践来培养自己的危机意识。第五，大学生要不断充实创业知识。创业精神为创业提供精神、思想上的支持，而创业知识则是创业的能力、素质基础，因此大学生要认真学习创业知识，比如金融知识、法律知识、管理学知识等，努力做好创业准备，以便在实践中能从容应对挑战。

3. 课外活动中培育创业精神

课外活动又被称为“第二课堂”，是大学生创业精神培育的重要载体。课外活动中的专业社团活动、挑战赛活动、创新创业工作坊活动等，均对大学生创业精神培育起着作用。对于大学生来说，一方面，要积极参加社会实践活动。社会实践活动对大学生来说主要包括到企业实习和利用寒暑假、周末做兼职等形式的活动。通过以上创业实践，丰富自己的社会阅历，以便于发现商机。另一方面，积极参加学校组织的各项各类第二课堂活动。积极利用大学生创业园等学校提供的创业实践平台，通过亲身实践，体会创业艰辛，以此来提高自己的抗压能力，磨炼自己的意志品质。

第三节　创新与创业的关系

创新与创业是两个不同的概念，存在一定的区别，但是两个概念之间却又有本质上的契合、内涵上的相互包容和实践上的互动发展。

一、创新与创业的区别

（一）内涵不同

从定义上来看，创业是创造新的商业，而创新是在市场中应用一种发明；创业可能涉及创新，也可能不涉及创新，创新可能涉及创业，也可能不涉及创业。创新泛指“创新成果被商业化的价值实现过程”，而创业则特指“创建企业的过程”。创新完全可以在已有的企业组织框架内实现，不一定涉及企业组织制度的建设；而创业则必然要涉及企业组织制度的建设。

从内涵上来讲，创新主要是从经济与技术相结合的角度探讨技术创新在经济发展过程中的作用；创业是一个新的非生命市场参与者的创造过程（新商业的诞生）。创业强调的是，如“企业从何而来”“人们为什么创建新的商业”“商业是如何被创造的”等；而创新是对生产函数包括生产力、科学技术、生产资料、生产工具及劳动力和生产关系的建立等。

（二）侧重点不同

创新作为创业的手段，是独有的东西，它是思想的表达以及过程，就是为社会增添新的东西，偏重于理论的分析。创业偏重于实践的过程。

二、创新与创业的联系

（一）主体的一致性

首先，实施主体是一致的。创业者在进行创业时，重要的创业资本是核心技术、创业知识、运作资金、创业团队、创新能力等，其中创新能力是最重要的。创业者在创业过程中需要具备创新意识和创新精神，需要独特和新颖的创新思维，产生出富有创意的独特想法，寻求解决问题的新的思路和方法，不断克服企业发展中的瓶颈和难题，最终才能够取得创业的成功。

其次，价值主体是一致的，创新的价值在于创业，创业蕴含着价值创新。创新的价值就在于将潜在的知识、技术和商机转化为产品与服务，能够创造财富，实现企业再创业，通过将创新成果进行商品化和产业化，实现社会财富的增值。每一个创业能够取得成功，必然内在地存在着价值创新。创业是一种能够自我发展达到不断创新的过程，创新其实就是我们常说的“企业家精神”的本质。

（二）时序的一致性

从创新的时效性看，企业创新特别是在科技成果推向市场的过程中一般总是从产品创新、技术创新开始的。因为一种新的市场需求总是表现为产品需求，因而在创新初期企业的创新活动主要是产品创新。一旦产品被市场接受，企业将把注意力集中在过程创新上，其目的就是降低生产成本，改进生产工艺，提高生产率。当产品创新和过程创新进行到一定程度时，企业的创新注意力会逐渐转移到市场营销创新上，目的是提高产品的市场占有率。在这些创新重点的不同时序上，还会伴随着必要的管理创新和组织创新。可见，利用科技成果进行创业在时序上是一个连续的过程。

第二章　高职院校创新创业教育基本理论

第一节　创新创业教育的内涵与目标

一、高职院校创新创业教育内涵

从“创新”的角度来说，根据著名经济学家约瑟夫·熊彼特的观点，“创新就是生产要素的重新组合，将新机制引入生产体系，建立一种新的生产函数”。从“创业”的角度来说，依据管理学家彼得·德鲁克的观点，创业的本质是在于要在组织中建立新的生产函数，创业不是重复，而是创造，创造新的满足、新的组织模式。可知，创新与创业是一脉相传、不可分离的。创新创业教育是以“创新”“创业”为主体的教育，但不能将其简单地理解为二者的相加，而是以对二者的研究为本，融合素质教育、职业教育等多种教育理念，科学提出的全新教育理念，是一种培养基础性和通用性才能的公共教育。高校创新创业教育开展的目的不仅侧重于技能的提升，而且是通过创新创业教育的实施，来提高学生的综合素质，既包括思维方面的优化，也包括实践方面的提升。换句话说，创新创业教育作为一种新型的教育模式，创新创业教育培养的不仅是自主创业者，还包括以自己岗位为依托，能够实现岗位创新的“岗位创业者”，是培养懂创新、能创新以及会创新的人才的教育。

学校类型的差异、受教育群体的不同，对于如何开展创新创业教育都会产生影响，高职院校创新创业教育作为创新创业教育的一个重要组成部分，有其独特之处。对于高职院校来说，创新创业教育是以高职学生专业技术水平较高的特点为出发点，在加强专业基本理论和基本技术教育的同时，通过一系列培养学生创新创业意识、知识、能力的创新教育活动，帮助学生掌握科学合理的知识结构，培养学生具有创新创业的意识，开拓思维，助力学生塑造良好的品质，全面提升学生的创新创业能力。

二、创业教育的目标

创业教育的目标应是立足于对学生的理论和实践教育，提升学生的创业意识、创业精神以及创业能力。具体来说，创业教育的目标应当是通过理论知识的传授，培养学生的创业意识，进而培养出他们较强的创业能力，使其具有高度的社会适应能力，并在激烈的竞争中不断发展潜力，为顺利开展创业活动、最终实现自己开创性的事业的目标奠定基础。由此，在创业教育的过程中，除了讲授创业相关的理论知识，创业教育教师还要用先进理念和实战机会培养学生的创业精神与创业技能，从而使学生能独立地立足于社会，并最终打拼出属于自己的一番事业。

创业教育旨在将学生培养成为具备创业知识、创业品质的公民，培养学生成为具有独立个性、开拓精神的社会变革参与者，部分学生通过创业教育的实践获得自主创业、自谋高职、创新致富的本领。因此，应把培养具有创业意识和能力的创业型应用人才当作创业教育的最终目标。

第二节　开展创新创业教育的必要性与可行性分析

创业是创业者通过努力优化整合所拥有的资源，在具体的创业实践中充分发挥创造力和想象力，培养创新精神，努力克服各种困难挫折，创造出更大经济或社会价值的过程。它是每个人都应具备的关键能力。目前国家无论在场地设备还是资金方面都大力支持对大学生进行创业教育。从当前的研究现状来看，大多数学者认为有必要对高职院校的创业教育进行深入研究，虽然高职院校是高等院校教育的重要阵地，因其与其他类别院校在人才培养的目标设置上不同，不能简单套用一般院校的创业教育经验。高职院校创业教育主要是培养创业型应用人才，普通本科院校培养的是科技研发人才，通过二者培养目标的对比可以看出，高职院校创业教育重视实际操作能力的培养，旨在培养创业人才，而一般院校更注重理论的应用。因此，有必要将二者的创业教育区别开来，分析高职院校推行创业教育的必要性和可行性，保证高职院校创业教育的顺利进行。

一、高职院校开展创业教育的必要性

高职院校开展创业教育是素质教育的进一步深化。创业教育在内容上涵盖健康的心理素质、创业意识、创新能力、合作精神、创业品质的培养，提高学生的创业素质。高职院校开展创业教育不仅可以培养敬业精神、创新能力、学科知识、教师技能等，促进在知识、技能、能力、人格等各个方面的提升，助推高职院校学生综合素质的整体发展，使学生能够挖掘并发挥自身优势，在未来岗位中融入所掌握的创业思想和创业知识，造就一大批具有开创能力和高素质的人才队伍。

（一）缓解严峻就业形势的要求

从目前中国的就业形势来看，企业、公职单位的人才招聘都明文设定了学历门槛，除此之外，当前社会各界也对高职院校的教学质量存在疑问，归结起来，相比于普通本科院校，大部分高职院校的毕业生就业压力非常大。学生没有过多地接触社会，因此需要通过学校的创业教育来实现该教育手段和教育方式，由此可以看出，学校的创业教育，包括创业意识、创业精神和创业品质的教育对于引导学生形成良好的就业价值观有着重要的作用。随着我国经济的发展，产业升级急需进行，在如此严峻的就业形势下，培养创业型应用人才将能缓解高职院校毕业生就业压力，高职院校更应从学生的特点出发，利用自身条件努力推进创业教育。

（二）提高高职院校的核心竞争力的要求

21 世纪，国与国的较量是人才与科技的竞争，可以预测，在未来高职院校的竞争中，学生的创业精神、创新能力、创业品质将成为提高各高职院校核心竞争力的重要指标，因此，高职院校在发展过程中，找准自己的定位和目标，准确把握在教育环境中的位置，才能突出自身优势，办出特色，提升综合竞争水平。高职院校的素质教育与创业教育倡导的内容基本一致，高职院校通过推行创业教育养成学生良好习惯，拓展学生思维，不断提高学生的实践能力，为我国高职院校实行开创性发展、提升竞争力提供了方向性指导。

（三）提高高职院校学生综合能力的要求

当前，我国正处于经济结构转型期，社会需要高新技术产业，大部分落后产业逐渐被社会淘汰，因此导致就业机会减少，下岗人员呈增长趋势。随着高等教育的深入改革，各大院校开始扩招，这就为社会提供了大量劳动力，由于就业岗位的减少，每年都会涌现大批待业的毕业生，而高职院校毕业生也在这个群体中，其就业难度比一般本科院校的大学生更大，因此，当前国家提倡大力支持鼓励大学生群体创业，大学生作为社会主义的接班人，其独特的个性和潜在的创新能力是他们的优势所在。创业带动就业，可以产生出大量工作机会，从而缓解我国严峻的就业压力。同时，随着经济的不断发展，电子商务悄然兴起，旧有的知识体系已无法适应当前教育市场竞争的需求，这就要求不仅要加强专业知识的学习，还应把握时代要求，具备创新能力、整合教育资源等综合素质。

二、高职院校开展创业教育的可行性

（一）高职院校实施创业教育的内部因素

首先，明显的职业技能优势及较强的创业意志是高职院校大学生独有的自身优势。

第一，高职院校学生大多成绩不理想，在以成绩论能力的中小学时代并不突出，在学习成绩方面不及本科生表现优越，而由于高职教育与本科教育不同，高职教育更注重培养学生具备必要的理论知识和较强实践能力，培养技能型人才。因大多在教育过程中掌握各自细分专业的相关技能，相对高于本科院校，大部分高职院校的学生的实际操作能力会更强，他们对实际操作更感兴趣，也更愿意投身至有关实践能力培养的教育中。创业教育的目标是培养学生的开拓进取精神，并使他们成为自己工作岗位的创造者，其所教授的内容贴近现实，更容易被学生接受，有助于充分激发学生的学习动机，高职院校的实践性特征与创业教育理念不谋而合。

第二，高职院校的毕业生多数是直接迈向社会，谋求一份稳定职业。在社会看来，因为高职院校学生的学习成绩低于本科生，导致人们认为他们的综合素质低于本科生、研究生，高职生的社会地位普遍较低，因此，提升创业型的综合素质必然成为缓解高职院校毕业生就业压力的方向。

第三，高职院校的人才培养模式主要是校企合作、产学结合的形式，校内外实训、毕业实习，各个环节贯穿于高职教育的始终。在生产实践过程中，学生大多是进入工厂开展实习活动，工作条件较为艰苦，高职院校的学生在辛苦的实践活动中不断培养出抗挫折能力以及艰苦奋斗的品质，这些都将成为开展创业教育的宝贵财富。

其次，高职教育与创业教育在运行模式上具有一定的相似性。

第一，高职教育和创业教育作为新型的教育形式，它们在培养目标、内容、性质等方面都具有共通性。

高职教育是高等教育一个很重要的组成部分，它肩负着培养技术型、应用型人才的责任。1985 年《中共中央关于教育体制改革的决定》明确提出："积极发展高等职业技术院校……逐步建立起一个从初级到高级、行业配套、结构合理又能与普通教育相互沟通的职业技术教育体系。"高职教育的培养目标随着经济的发展不断发生着变化，一方面需要培养各行业的专业型人才；另一方面将培养具有综合素质和能力的综合型人才作为教育重点。创业教育注重培养学生的实践能力，要求学生要结合社会现状规划统筹，以此来提高学生的综合能力品质。两种教育的融合合情合理。

第二，高职院校的师资呈现"双师型"特征，与创业教育对师资的要求具有共通性。我们知道，影响教育成效的关键是教育者能否拥有扎实的理论功底以及满足受教育者多样化需求的教学方式，高职院校创业教育要取得实际成效就必须努力在教师专业素质和水平上下功夫。高职院校因其职业教育的理念，需配备具有一定实践能力的师资队伍，他们不仅从事具体的实践活动，也要拥有扎实的理论知识，这将为创业教育的开展提供强有力的支持。

（二）高职院校开展创业教育的外部条件

第一，21 世纪新经济的发展为高职院校推进创业教育的发展提供动力。改革开放 40 多年来，我国的经济发展水平不断提高，21 世纪的竞争将是以人才培养和科技进步为指标的综合国力的较量，在如此激烈的竞争中，我国只有努力把握时代机遇，大力发展生产力，创造性地在科技领域培养创新人才，培养他们的创业意识和能力，转廉价劳动力为高素质、高水平的人才资源，转制造大国为创业强国，落实创新驱动发展战略。为此，国家就要大力培养一批具有广博知识、开阔视野、开拓创新精神的创业者，以创业促就业，带动经济的发展。

创业是建设中国特色社会主义事业的应有之义，符合社会发展要求。当前国家的创新驱动发展战略就需要社会造就出一批优秀的创业应用型人才。当代社会对创业型人才的迫切需要，这就要从培养人才的摇篮出发，从具体的学校教育出发，需要大力推进创业教育的有效开展，培养出各行各业的创业型应用人才，提高高新技术成果转化率，通过辐射作用，带动传统产业的发展，拉动国民经济的发展，提高我国的综合国力。

第二，政府的大力支持为高职院校更好地开展创业教育提供了保障。近年来，中央下发了许多大学生创业的政策，无论从简化手续还是增加政府资金投入都是为学生扫除创业征途中的障碍，使广大学生更好地投入创业，在利好环境下，高职院校要把握机遇，切实推进创业教育的顺利开展，提升高职院校学生的整体素质。

第三节 开展创新创业教育的理论基础

创新创业教育是以培养具有创业基本素质和开创型个性的人才为目标，不仅仅是以培育在校学生的创业意识、创业精神、创新创业能力为主的教育，而是要面向全社会，针对那些打算创业、已经创业、成功创业的创业群体，分阶段、分层次地进行创新思维培养和创业能力锻炼的教育。创新创业不是凭空臆造的，它是建立在知识的传播、转化和应用的基础之上。高职院校培养创新人才绝非为教育创新而创新，而是有着厚重的理论底蕴作为支撑。

一、人力资本理论

所谓人力资本，即指凝聚在劳动者身上的知识、技能及其所表现出来的能力。人力资本理论的产生可以追溯到18世纪。早在1776年，现代经济学的创始人亚当·斯密就在他的代表作《国民财富的性质和原因的研究》中指出：个人通过学习所获得的已成为个人能力一部分的知识和技能，也应视作社会财富的一部分，是社会固定资本的组成部分。

随着经济和科技的发展，到20世纪中叶时，学者们对人力资本的研究开始系统起来。其中，最杰出的代表人物当属美国的西奥多·舒尔茨，他在其名著《论人力资本投资》中指出："事实证明，人力资本是社会组织和个人投资的产物，其质量高低完全取决于投资多少。"人力资本是关于人口质量的投资，它比物力资本更加高效，在人力资本形成的各种途径中，教育是一条最重要的途径。西方大多数专家指出，教育是一种生产性投资，它对经济增长具有举足轻重的作用。

在人类所拥有的一切资本中，人力资本是第一宝贵的，自然成了现代管理的核心。更好地提高人力资本的管理水平，不仅是发展经济、提高市场竞争力的需要，也是一个国家、一个民族长期兴旺发达的重要保证，更是一个现代人充分开发自身潜能、适应社会、改造社会的重要措施。因此管理好人力资本有着重要的意义。

（1）通过合理的管理，可以实现人力资源的精干和高效，取得最大的使用价值，同时，人的使用价值达到最大等同于人的有效技能得到最大限度的发挥。

（2）通过采取一定措施，可以充分调动人力资源的积极性和创造性，也就是最大限度地发挥人的主观能动性。调查发现：按时计酬的员工每天只需发挥自己 20% ~30% 的能力，就足以保住个人的饭碗。但若充分调动其积极性、创造性，其潜力可发挥出 80% ~90% 。

（3）通过教育和培训，人力资本的效能不断提高。人类社会的发展，无论是经济的、政治的，最终一切为了人本身的发展。马克思指出，教育不仅是提高社会生产的一种方法，而且是造就全面发展的人的唯一方法。随着社会的发展，教育和培训在人力资源开发和管理中的地位越来越高。

21 世纪的中国处在一个知识经济时代，也是一个创业的时代，此源于日益激烈的人才竞争，严峻的就业形势以及国家经济发展方式的转变，于是对人才的素质、人才开发的力度和高校人才培养模式也有了新的要求。除了要求大学生掌握知识、技能之外，还需着力提升大学生的文化修养、企业家精神、创新创造能力，以提高其综合素质。

人力资本理论为创业人才的培养提供了理论依据，创业人才的培养是时代的要求，高校培养出来的创业人才是经济发展和社会进步的有力推动者。

二、实用主义教育理论

实用主义教育理论于 19 世纪末在美国兴起，是以批判赫尔巴特代表的传统教育学为基础，以美国实用主义文化为背景而建构起来的一股教育思潮，它深深地影响了 20 世纪全球的教育理论的研究和实践。实用主义教育理论代表人物有美国哲学家、教育学家杜威和克伯屈等人。

杜威非常重视教育过程中师生之间的合作关系。他认为，在教育过程中激发学生自己发现问题、解决问题，并不是指教师可以袖手旁观，保持沉默，而是共同参与学生的活动。在这种共同参与活动的过程中，教师或学生越少意识到自己在那里施教或受教就越好。杜威反对那种依靠威吓和压制的方法进行教育和教学，要求各门课程的教学过程成为师生合作的相互作用的过程，成为师生两方面都是作为平等者和学习者共同参与的过程。

实用主义教育理论的观点总结如下：第一，教育即生活，教育的过程和生活的过程是合二为一的，而不是为将来的某种生活做准备。第二，教育即个人经验的增长，教育在于让学生在真实的情境中增长自己的经验，这是教育的最终目的。第三，教育即成长，是个人经验的增长过程。第四，学校的课程是以学生的经验为中心的，打破了原来以学科为中心的课程体系。第五，教育教学中不再以教师为中心，教师只是学生成长的帮助者，学生才是教育教学的中心。第六，在教育教学过程中，要注重学生的创造性的发挥，提倡让学生在学习的过程中独立探讨、发现问题。

在当今社会依然认为实用主义教育哲学拥有它的极大社会价值，认为当代“杜威教育思想依然是有生命力的”。

总之，实用主义教育理论所倡导的以学生为中心、活动课程、做中学为特色的教学思想，为教学思维的改变和教学模式的更新，以及创业人才的培养策略提供了理论基础。

三、创新型国家理论

通常，人们按照实现工业化和现代化道路的不同将国家进行划分：有些国家主要依靠自身丰富的自然资源增加国民财富，如中东产油国家，即资源依赖型国家；有些国家主要依附于发达国家的资本、市场和技术，如一些拉美国家，即依附型国家；还有一些国家把科技创新作为基本战略，大幅度提高科技创新能力，形成日益强大的竞争优势，国际学术界把这一类国家称之为创新型国家。创新型国家是指以技术创新为经济社会发展核心驱动力的国家。主要表现为：整个社会对创新活动的投入较高，重要产业的国际技术竞争力较强，投入产出的绩效较高，科技进步和技术创新在产业发展和国家的财富增长中起重要作用。

作为创新型国家，至少要具备 4 个特点：

（1）创新投入高，国家的研究开发投入占 GDP 的比例一般在 2% 以上；

（2）自主创新能力强，国家的对外技术依存度指标通常在 30% 以下；

（3）科技进步贡献率要在70%以上；

（4）创新产出高，目前世界上公认的20个左右的创新型国家所拥有的发明专利数量占全世界总数的绝大部分。

为了在竞争中赢得主动，依靠科技创新提升国家的综合国力和核心竞争力，我国把推进自主创新、建设创新型国家作为落实科学发展观的一项重大战略决策。创新型国家理论在我国不断地渗入。2006年1月9日，国务院发布《国家中长期科学和技术发展规划纲要（2006—2020）》（下文简称《纲要》）。《纲要》立足国情、面向世界，以邓小平理论和“三个代表”重要思想为指导，认真落实科学发展观，以增强自主创新能力为主线，以建设创新型国家为奋斗目标，对我国未来几年科学和技术的发展作出了全面规划和部署。《纲要》反复强调，要建设创新型国家，其基础是要培养创新人才。2006年6月5日，胡锦涛在中国科学院院士大会和中国工程院院士大会上再次强调：“建设创新型国家，关键在人才，尤其是创新型科技人才。”

高职院校在国家整个创新体系建设中扮演着特殊的角色。它肩负着生产、建设、服务、管理第一线的专业知识和科技创新的使命，承担着培养创新人才的重要任务。而创新人才在推动生产一线科技成果转化、服务社会主义现代化建设等方面发挥着不可替代的作用。因此，培养创新人才是建设社会主义现代化、实现全面建设小康社会的重要环节，也是建设创新型国家的应有之义。

四、人的全面自由发展理论

马克思在《共产党宣言》中概括了共产主义新人形象的本质特征，那就是“每个人的全面而自由的发展”。所谓“人的全面而自由的发展”，包含了两个方面的内容：一是人的性格和智慧得到全面的、合理的发展，具体来说，就是在道德、智力、情感等方面得到全面、和谐的发展。二是人的个性和才能得到自由自主的发展，具体来说，就是进行自由的生命活动和自觉的创造活动。“一切人的自由发展”与“每个人的自由发展”及其辩证关系，构成了马克思“人的全面自由发展”理论的基本内容。

在马克思看来，人的全面发展包括个性自由、人的性格、智慧等方面的发展。传统教育模式以培养适应社会政治经济发展的人才为目标，在教育实施上有着重共性、轻个性的倾向，这显然与人的全面自由发展相违背。从学界对创新人才的界定上来看，对创新思维、创新能力、创新品质和意志等方面的要求，本质上是以人的全面自由发展为依据的。同时，推进人的全面自由发展，与促进社会、经济、文化的发展，是互为前提和基础的。人越是全面自由发展，社会的物质精神财富就会创造得越多；反之，社会物质精神财富越充分，又越能推进人的全面自由发展。

人的全面自由发展理论已经充分地渗透到当前高等教育实践之中。中央创造性地提出了“以人为本”的科学发展观，将人的全面自由发展与整个社会的和谐发展联系起来。可以说，创新人才的最高标准即个性全面自由发展了的人，培养创新人才是高职院校践行科学发展观的客观要求，为此高职院校应转变教育观念、确立“以生为本”的教育理念，遵循青年心理和生理发展的科学规律，主动地进行高素质人才培养的教育实践活动。

五、创新教育理论

目前，大多数人认为：高职教育，是培养生产一线的高技能劳动者，只需要按设计师设计出的图纸和建造方案实施，基本没有创新的空间与需要。因此，高职教育只注重工艺、技术的训练与规范、标准的教育。但是人不是机器，现代人的劳动，都是创造性劳动。生产实践是技术与能力提高的本源。高职教育之所以倡导校企合作、工学结合，推行工作过程系统化教学，其出发点就是把课堂教的死知识、工艺规范与生产实际相结合，充分发挥人在劳动过程中的主观能动性、创造性，主动学习，深刻领会、体悟操作、人机对话过程中隐含的知识、规律与问题。高职院校预期培养生产一线的劳动者，迫切需要来自生产一线的鲜活知识。教材，永远落后于社会实践，永远不可能复制实践中的全部知识，尤其是劳动过程中的隐性知识；教师传授的知识与技能，都是规范化、系统化、理论化了的再加工知识，遗漏、缺失、偏差、固化、表述不准等不可避免。

根据知识能否清晰地表述和有效地转移，可以把知识分为显性知识和隐性知识。社会生产、生活具体行为中的隐性知识大量存在，需要有知识基础的“有心人”，去发现、概括、总结、提炼，提出解决方案，一个一个隐含的问题被攻破、被解决，就是技术进步。技术进步不是在某一时刻的突变，而是日积月累的渐变。

隐性知识到显性知识的转化，是一个建立重复利用知识体系的过程。它重点强调的是信息采集、组织、管理、分析和传播。在这一过程中，信息在不断聚合过程中产生新的理念。私人知识并不能直接共享，可以进行传递的仅仅是知识中的有关观点和信息。他人在接收信息后，要对其进行深入的感知、理解和内化，然后才能形成自己的新知识。

内化，意味着新创造的显性知识又转化为组织中其他成员的隐性知识。显性知识隐性化的目的在于实现知识的应用与创新。知识的创新与应用是知识管理的终极目标，组织能否在竞争中占有优势取决于组织能否充分利用组织的知识，能否不断地创造出新的知识，进行知识的更新。经过隐性到显性，再由显性到内化，组织竞争力得到提高，知识管理完成一个基本循环。

上述由创造知识到提高技术的转化过程，隐性知识向显性知识的转化是核心，是知识生产的最直接和最有效的途径。生产组织中员工个人的隐性知识，是企业新知识生产的核心。如何有效地激发个体的隐性知识，避免转化过程中的障碍，增加转化方式的互动作用，将影响企业新知识产生水平。

生产一线的劳动者，除把隐性知识转化为显性知识这一创造新知识的功能外，现代工业社会劳动本身，就是智力运用与创造的过程。高职院校培养的是高技能专门人才，是生产一线的劳动者，他们的劳动过程，就是新知识的生产过程、智力运用过程、创造性劳动过程。高职教育如果没有创新教育的内容，只能认为高职教育只是在给机器输入程序，而不是培养活生生的人。若培养的是人，而且是人才，就必须把创新教育作为核心内容。

六、蒂蒙斯创业理论

创业理论源于 18 世纪时 entrepreneur（创业者，企业家）这一词的出现。随后，逐渐的有关创业的研究就多起来。学者们从各自不同的视角对创业相关的创业现象、创业本质、创业理论进行了探讨。杰弗里·蒂蒙斯，是富兰克林·欧林创业学杰出教授，是创业管理教育领域的权威人士，1999

年起成为美国国家创业委员会的特别顾问。蒂蒙斯对创业过程模型给出了经典的诠释。

第一，商业机会是创业过程的核心驱动力，创始人或工作团队是创业过程的主导者，资源是创业成功的必要保证。创业过程始于创业机会，而不是钱、战略、网络、团队或商业计划。开始创业时，商业机会比资金、团队的才干和能力及适当的资源更重要。在创业过程中，资源与商机间经历着一个适应—差距—适应的动态过程。商业计划提供沟通创业者、商机和资源 3 个要素的质量、相互间匹配和平衡状态的语言和规则。

第二，创业过程是商业机会、创业者和资源 3 个要素匹配和平衡的结果。处于模型底部的创始人或工作团队要善于配置和平衡，借此推进创业过程，他们必须做的核心过程是：对商机的理性分析和把握，对风险的认识和规避，对资源的最合理的利用和配置，对工作团队适应性的分析和认识。

第三，创业过程是一个连续不断地寻求平衡的行为组合。在 3 个要素中绝对的平衡是不存在的，但企业要保持发展，必须追求一种动态的平衡。保持平衡的观念展望企业未来时，创业者必须思量的问题是：目前的团队是否能领导公司未来的成长、资源状况；公司下一阶段成功面临的陷阱。这些问题在不同的阶段以不同的形式出现，牵涉到企业的可持续发展。

蒂蒙斯创业理论对创业相关的商业机会、创业者、资源以及它们之间的关系进行了详细的分析，诠释了创业过程的含义。蒂蒙斯创业理论为如何培养创业人才，从哪几个方面入手培养，创业人才应该具备什么样的素质提供了一定的理论参考，具有方法论的意义。

第四节　高职教育模式的建构理论

高职教育虽已走过几十年的发展历程，规模不断扩大，办学模式趋向多元化，但人才培养目标和人才培养模式至今尚不完善，人才培养质量很难保证，这既影响高职教育的可持续发展，也会制约经济与社会的发展。适应形势变化，确立与社会需求相适应的高职人才培养目标，构建创新的高职人才培养模式是社会发展对高职教育发展的必然要求，也是高职教育发展的生命力所在。

一、高职人才培养模式构建基本原理

根据高职教育与社会相互适应的理论，我们认识到：高职教育对社会的适应是全方位的；同时，高职教育对社会的适应，更应着眼于未来。教育效果发生的长期性以及持久性，对高职教育社会的远见性而非短期性的适应提出了更高的需求。

因此，依据高职教育与社会相互适应的理论，结合中外人才培养模式的研究成果，我们在高职人才培养模式创新构建时，认为创新创业的高职人才培养模式的人才培养目标是培养与我国社会主义现代化建设要求相适应的，以社会、经济现实和未来发展趋向需求为导向的直接从事生产、建设、管理、服务第一线工作的高级技术应用型专门人才，这种人才是主要从事成熟理论与技术的应用和操作的高级技术和管理人员，他们在具有必备的基础理论知识和专业知识的基础上，有善于解决工程复杂问题的能力，重点掌握从事本专业领域实际工作的基本素质和基本技能，具有良好的职业道德和敬业精神。要达到这一目标，就必须为受教育者构建新的知识、能力、素质结构。

（一）知识结构的构建

高职学生的知识结构是不同内容、不同形式的知识在学生认知结构中所积淀的层次与比例的关系。知识结构是衡量人才培养质量的主要尺度之一。从当前的情况看，知识的基础化、综合化是构建高职学生知识结构的目标。

1. 知识基础化

知识基础化就是要把知识结构的重心放在基础知识、基本原理上。加强基础是应对多变社会环境的一种重要策略。基础知识是本源性知识，抓住了事物的共性，可以举一反三。一个人只有在工作和生活中凭借其在学生活动中获得的基础和自学能力，不断扩展自己的知识面，优化、更新自己的知识，才可能适应社会。高职教育既要重基础，也要重专业，二者比例要适度。

2. 知识综合化

综合不是简单的叠加，而是一种整合，使学科之间相互渗透，形成整体性概念真正起到的效果。一是在高新技术的教学应用实践中体会知识综合化的魅力，使学生学会用综合化知识解决专业性、技术性问题。二是注意人文教育与科学教育的渗透与迁移。要在科学教育中渗透人文思想，促进人文教学与科学教育的自然融合。

（二）能力结构的构建

能力是指保证一个人顺利进行实际活动的稳固的心理特征和知识技能的综合能力，与心理活动的特征有关。高职学生的能力目前比较一致的看法是由以下 4 部分组成，即获取知识的能力、运用知识的能力、创造能力和职业能力。

1. 获取知识能力的培养

在获取知识能力的培养方面，提倡教师主导与学生自觉并重，充分发挥学生学习的主动性和能动性。在课程设置上，要以学习者为中心，在教学中充分体现教师主导和学生主体作用，使学生实现从学会到会学的飞跃。同时，要在学习中构建整体知识网络，注重知识的形成过程和知识的实用价值。这样有助于为学生的不断发展和终身学习打下基础。

2. 运用知识能力的培养

运用知识的能力指人在社会实践活动中运用所学到的知识去分析问题、解决问题，特别是由此迁移到其他情景中分析、解决问题的能力。运用知识的能力与学习知识的能力的核心都是思维，但运用知识的能力偏重于活动，体现智力与能力的结合。培养运用知识的能力的关键，是让高职学生参加实践活动，真正发挥实践教学的功能。要针对专业特点、职业特点、技术特点、岗位特点开展实践活动，让学生用基础理论、基础知识指导实践，从实践中深化对知识的理解，实现知识与能力的融合。

3. 创造能力的培养

高职教育既重视向学生传授知识、技术，又重视学生职业素质、职业能力的培养，强调发展学生的个性和挖掘创造潜能，鼓励学生标新立异。同时，它强调企业、社会的参与，这样有利于学生创新意识与创造能力的培养。要培养高职学生的创造能力，重要的是开展主体性教育和个性教育，鼓励学生以发展的观点看问题，敢于突破常规和定式。目前应建立起以能力考核为主、常规测试与技能测试相结合的制度，重点考核学生运用知识解决问题的能力。同时，加强科研实训基地建设，引进新设备、新机器、新技术，开放实验室，营造创新氛围。

4. 职业能力的培养

职业能力是指个体履行岗位的职业，承担本职工作，完成各项任务的能力。目前，我国企业职工队伍里初中文化程度的占多数，虽有人力成本优势，但产品服务的技术含量低，产品服务的竞争能力弱，限制了劳动生产力的提高。因此，高职教育在培养人才时，必须创设职业岗位环境，对学生进行职业道德、职业素养、职业技能等方面的教育，使学生毕业后能及时进入角色。

（三）素质结构的构建

素质结构按不同方法可划分不同的单元，我们倾向于将人的素质划分为社会素质、自然素质和心理素质 3 种。高职教育培养的是社会需要的一线人才，高职学生素质结构除了不易改变的先天自然素质之外，主要是培养社会素质和心理素质。

1. 社会素质的培养

社会素质属后天素质，它在素质结构中起到调节作用。它一方面要以生理素质、心理素质为基础，另一方面又给这两种素质打上一定的社会烙印。它既引导个体做人，也引导个体成才。内化是社会素质形成的重要机制，它指个体从外部获得道德和知识，通过内省与吸收成为自我的一部分，使人形成一种好的涵养、好的气质，使个体的人成为社会的人。高职教育在培养学生的社会素质时，要充分发挥正面教育的作用，多树立正面的典型，使学生不自觉地向正面典型看齐，要注意纠正学生在专业课程与公共课程中的一重一轻倾向，避免因这种倾向造成知识的偏差、人格的移位。

2. 心理素质的培养

心理素质是人的所有素质中最容易产生危机的一部分。人的心理素质一旦潜藏危机，就会对个体的发展产生影响，甚至造成难以预料的后果。在国内由于高职教育开展的时间不长，社会的认可度不够，高职院校学生中的一部分人难免存在一些心理问题。因此，教师在培养学生的心理素质方面更应该加大力度。一要培养学生成就动机，使学生懂得人人都可能成功；二是要创造运用良好的氛围，促使学生构造积极、适当的自我意象，引导学生正确认识自我，找准定位，不断创造自我；三要培养学生情绪控制能力，实行以性格培养性格，用情感培育情感，以情绪感染情绪，用情操唤起情操。

知识、能力、素质的划分是相对的，知识不经内化不能形成素质，内化了的知识不经运用，也不可能形成能力。高职教育应根据专业需求的不同，在基础课和专业课、专业理论教学体系与实践教学体系的安排上确定不同的比例，做到从实际出发，灵活多样。总之，高职创新创业教育需要随时代的发展而不断发展，在实践中不断完善。

二、人才培养模式创新的构建

构建新的人才培养模式就是怎样实现新的高职人才培养目标，即实现其知识、能力、素质结构要求的方式。因此，人才培养模式构建与专业设置、教学方式、课程体系、教师队伍以及实践形式等紧密相关，通过这些途径落实“以人为本”的教育理念，建立“能力核心”的培养模式，使高职院校能创建全面发展的人文环境，以期实现人性的全面提升。

根据新时期对高职人才的素质要求和国内外高职人才培养模式的现状，我们将新的人才培养模式概括为“两线并重、四位一体”的外向复合应用型人才培养模式。“两线并重”即理论教学与实践教学并重；“四位一体”即专业设置模式、教学模式、教师培养模式以及实践模式要实现有机结合，整体统一。

（一）专业设置构建以就业为导向

高职教育能否满足社会需求，一方面体现在其培养目标是否与社会经济的发展对人才素质的要求相一致，另一方面则体现在其专业设置是否与生产结构的经济发展变化相适应，也就是要建立专业结构与产业结构相适应的专业设置模式。

专业结构是国家现实经济的反映，是与一定历史时期的经济发展和产业结构相联系的，它直接或间接地反映了经济和社会发展的需要以及经济结构的特点。是否同经济和社会发展相适应，是衡量专业结构是否合理的根本标志。同时“专业能力”是高职学生能力的一个很重要方面，高职院校设置的专业，符合本地区产业发展的需要，培养对口的人才，就会受到用人单位的欢迎与支持，推动本地经济的发展。高职院校要较好地为本地区经济建设服务，面向市场办学，必须了解本地区经济发展的产业结构状况和它的需求。也就是要了解本地区经济发展都有哪些产业部门和它的隶属关系。如第一产业都有哪些门类，第二、第三产业又有哪些门类，哪些是劣势次要产业，并在这些基础上做好人才需求预测，同时，还必须以发展的、动态的、变化的观点，探讨本地区产业结构未来发展变化的趋势。明确哪些是本地区发展并大有前途的产业，哪些是本地区正在逐渐被淘汰的产业，哪些是将随着科学技术的进步和生产力的发展，必然要兴起的产业。

高职院校应该不断调整服务方向，优化专业结构，增加社会急需的新专业，改变就业形势不好的旧专业，取消没有就业市场的老专业，使新旧专业相辅相成，合理搭配。专业设置要考虑学校本身的办学条件，如现有的师资、设备及原有的办学专业基础。专业设置数量要适当，既要避免专业过多，力量分散，影响培养实用型人才的质量和增加就业的压力，又要注意专业数不能太少，学科设置单一，影响办学的经济效益。专业设置要随着时代的需求不断改变，要与科技、经济、社会的发展相适应。

（二）教学模式改革以培养学生职业能力为宗旨

教学模式特指反映特定教学理论逻辑的，为完成某种教学任务而采用的相对稳定而具体的教学活动结构。利用某一种模式，人们可以将教学活动或过程分解为某些关键调控教学活动的一整套方法体系。教学模式是教学理论与教学实践的中间环节。它通过简化、微缩的组成要素规定和调控教学活动。

根据建构主义教学理论的兴起与发展，它对我们改革高职教学模式的指导意义在于以下几方面。

第一，在教学中要充分发挥学生学习的自主性。由于学生是学习的主体，课堂教学不能采用简单的灌输方法，让学生被动地接受新知识。教师应尽量引导学生进行探究发现学习，即主动发现问题，主动收集、分析有关信息和资料。

第二，在教学中要多开展情境教学。职业教育是手脑并用的技术教育。既要培养学生的理论水平，又要培养学生的动手能力。根据各专业的特点开展情境教学，是培养学生职业能力的一种重要手段。在设计高职教学模式时，要注重教学过程的情境性，通过在一个情境中运用和操纵信息，来培养现实中要运用的技能。

教学设计应以学生为中心，以培养职业能力为宗旨。具体而言，这个过程包括如下几个部分：首先，了解相关行业的基本情况。主要包括本行业的一些宏观背景及行业内企业的数量和规模、生产技术水平，对第一线技术人才和管理人才的需求等。其次，根据“有效需求”原则，进一步分析相关的职业岗位的实际需求与分布情况，把专业培养目标分解细化，以便有选择地确定该专业的学生能完成哪些具体岗位工作。最后，进行有关的职业综合能力的分析与分解。职业综合能力主要由专业能力、方法能力和社会能力3项基本要素构成。对有关专业或专业方向进行职业综合能力的分析与分解，是高职专业教学设计中最重要、最具特色的一项工作。

（三）实践模式满足以职业资格证书就业准入制度

职业资格证书制度是国际上通行的一种对技术技能人才的资格进行认证的重要制度，是我国确定的一项旨在全面提高劳动者素质的重要政策，是发展劳动力市场、促进职业培训和实现就业的重要手段。它是指按照国家制定的职业标准，通过政府认定的考核鉴定机构，对劳动者的职业能力水平进行客观公正、科学规范的评价和鉴定，对合格者授予相应的国家职业资格证书。

所谓就业准入，是指根据《劳动法》和《职业教育法》的有关规定，对从事技术复杂、通用性广、涉及国家财产、人民生命安全和消费者利益职业的劳动者，必须经过培训，并取得职业资格证书后，方可就业上岗。

为使高职教育培养的毕业生满足就业准入制的要求，必须构建出新的模式。

首先，建立并优化教学体系。一是构建实践教学体系的目标体系，明确要求，抓住关键，落实保障措施。二是建立一个由基础课实验和基本工艺训练、专业课实验和课程设计、跟岗实训和毕业设计、课外活动和社会实践等组成的、较完整的梯次递进的实践教学体系。三是以技术应用能力培养为目标改革实训教学环节对实验较多的课程单独设置实验课，独立考核，减少演示性、验证性实验，增加工艺性、设计性、综合性实验，加强职业技能训练，在实习现场营造真实的现场工作氛围。

其次，根据“培养应用能力，满足就业需求”的原则，探索产学合作教育的途径。一是建立由校内专家和企事业单位的工程技术人员组成的专业委员会。专业委员会成员参与学校专业设置的论证、人才培养计划的制订、课程内容的确定等工作，保证人才培养规格适应工作岗位的要求。二是建立一批校外实践教学基地。学校选择一批设备工艺先进、管理水平高、适合学生动手操作、有利于发挥学生创造力的企业，注入一部分资金，作为学校的实践基地。三是经常组织学生到实践教学基地进行认知学习、课程设计和毕业实习。在校外实践教学基地实习期间，聘请现场的技术人员担任兼职教师，使学生有机会进入生产实际领域，获得真正的职业训练和工作体验。

最后，建立校内专业技能鉴定场所，提高学生技能鉴定通过率。具有设备、场所和技术等方面优势的高等职业学院可以在国家职业标准的统一指导下，在职业技能鉴定社会化管理体制的指导下，建立职业技能鉴定场所，开发相应的标准、教材、题库、考试技术及教务管理技术，使其成为先进的职业培训模式、鉴定方法和考试技术的实验中心，成为职业资格证书制度的示范窗口。这样既可以提高学生技能鉴定的通过率，又可以补充更新学校的实习、实训设备，使学生在充足的设备条件下学习技能，接受鉴定。

（四）构建“双师型”教师培养模式

师资水平是保证教育质量的关键，只有建立一支有特色的高职教育的师资队伍，才可能办出有特色的高职教育。要培养具备较高素质的人才，教师必须具备更高的职业道德和素质。要培养学生的专业实践能力，教师本身必须具备较强的专业实践能力。能力本位的培养模式要求教师具备更高的素质和能力，具有较强的创业能力和创新意识，在相应的学术领域中获得创造性的成就，只有建立素质高、能力强，以“双师型”教师为主体的师资队伍，才能在教学过程中激活学生的创新意识，塑造学生的创业能力。

抓好“双师型”教师的培养，应该重视以下3条途径：

一是培养自己的“双师型”教师队伍。加强教师专业理论水平和实践能力的培养，鼓励教师进修，建立其终身学习的观念。

二是建立高职教育师资培养基地，进行系统的高职教育的师资队伍的培训。为增强未来高职教育师资的专业实践能力，要鼓励他们参加技能鉴定，获取一定等级的专业资格证书，以提升实践技能。

三是规范兼职教师的聘任条例，从校外聘任一批既具有一定的本专业理论知识又具有丰富的实践经验和良好的职业技能的兼职教师，使他们通过专业理论及教育理论的培养和考试，取得兼任高职教育教师的资格。

发展、规范兼职教师队伍是我国高职教育未来发展的必由之路。高职教育办学的灵活性决定了学校不可能也没有必要面面俱到地建立一支庞大的专职教师队伍，否则，随着专业适应社会需要的调整，势必造成人力、财力的极大浪费。

第三章　创新创业思维及创新意识培养

第一节　思维与创新思维

一、思维

（一）思维的概念及要素

“思维”在《词源》中有“思索、思考”的意思。生理学将思维定义为：思维是一种高级生理现象，是脑内一种生化反应的过程，是具有意识的人脑对客观现实的本质属性、内部规律的自觉的、间接的和概括的反映。心理学把思维定义为：思维是人脑对客观事物概括的和间接的认识过程，通过这种认识，可以把握事物的一般属性和本质属性及其内部规律。哲学上把思维定义为：理性认识的过程，即外在刺激或内在刺激所引起的对事物的一种间接的和概括的反应。思维科学认为：思维是人接收信息、存储信息、加工信息及输出信息的活动过程，也是概括地反映客观现实的过程。思维的对象主体是信息及信息过程，钱学森教授在《关于思维科学》一文中曾指出：“研究信息和信息过程的学问……是思维科学的基础科学之一。”思维是认识的理性阶段，人们在感性认识的基础上，形成概念，并用其构成判断（命题）、推理和论证。高校学生在创业过程中深刻地理解思维的内涵，并充分地拓展自己的思维方式，积极进行创新创造，对学生个人未来发展具有重要意义。

思维来源于劳动，是在人类认识自然、改造自然的过程中，逐渐形成的对客观世界及现实的信息化反映。思维对事物的间接反映，往往通过其他媒介作用及借助于已有的知识和经验，通过已知的条件推测未知的事物。人因为具有思维而伟大，思维是人类有别于万物的主要特点。东汉王充在《论衡》中说："人，物也，万物之中有智慧者也。"亚里士多德也说："植物有营养和生殖，动物有运动和感觉，人类有智慧和思维。"思维的体现是多种多样的，可以体现于人类认识自然、改造自然的过程，可以体现为社会的发展和进步，可以体现为思想与艺术的表达展现，可以体现为科技成果的创造，可以体现为我们的生活及日常管理。

思维包含思维对象和思维主体两个要素。思维对象，就是人们的思维所指向的目标从思维方法的角度来考察思维对象，其主要特点表现在"无穷多的数量""无穷多的属性""无穷多的变化"三个方面。思维主体，就是从事实践活动的人或正在进行思考的人的头脑。在大学生创业过程中，项目运营阶段和企业运营阶段思维对象有显著的不同，在项目运营阶段的思维对象更多的是项目相关要素，以项目完成为目的，而在企业运营阶段的思维对象更多的是各个商业要素，以营利为目的。作为思维主体的大学生，其思维形式还不够完善，还需要进行大量的知识和经验积累，积极进行思维训练将会对其综合素质的提升起到极大的促进作用。

（二）思维的特性

（1）思维具有内隐性。思维不是一种直接的感觉活动，是一种间接的抽象过程，是人脑对外界事物直接或间接刺激的反映，也可以说人们的知觉在其中起着重要的作用。我们无法直接观测到人脑的思维过程，只能观测到人们思维后的主观反应，如语言、行为、表情等。

（2）思维具有概括性。人脑可以将一类事物甚至多种事物通过概括或归纳总结，提炼出其本质特征及规律，并加以应用。

（3）思维具有间接性。人的感知是有感觉阈限的，如超声波、次声波等听觉阈限，红外线、紫外线等视觉阈限。同样，嗅觉、触觉等都存在着感觉阈限。所以，思维的活动往往需要以其他事物为媒介来认识客观事物，或者借助已有的知识经验来理解和把握那些没有或者不可能感知的事物，以预见和推理事物的发展过程。

（4）思维具有预见性。预见性并不是思维者与生俱来的天赋和灵性，而是客观事物在人脑中主观反映的产物。马克思主义认为，事物的发展不是杂乱无章的，而是有序的，是有规律可循的。事物发展的规律决定了事物发展的方向和事物发展的趋势，人们不但可以认识、推测对象的过去，还可以对对象的未来进行科学的预测。人们可以根据自身经验及感知，通过对客观规律的分析，预见未来可能存在的科技发展趋势、社会发展趋势。

（5）思维具有时代性。也可以说具有历史性及现实性。人们的思维活动容易受到所处时代的实践经验的制约，思维的历史性提醒人们既不能固守传统思维模式，又不能割裂历史，而思维的现实性要求我们认清当代社会发展的趋势，充分考虑现实的要求，扬弃传统的思维方式中不好的方面，努力培养新的符合时代发展的思维方式和方法。

（6）思维具有创造性。在人类历史过程中，时刻都有人向陈规旧律挑战，时刻都有人在打破旧的传统和习惯。人的思维及人类社会的诸多发现、发明、创造都体现了思维的创造性，人类具有强大的分析问题、解决问题的能力，随着时代的发展，这一速度在加快。怀疑常规事物，否定原有框架，解放思想、锐意改革、勇于创新也成了现代社会的强烈呼唤。

（7）思维具有逻辑性。事物及社会的发展是有其规律可循的，人们在改造自然的过程中，自然而然地学习和理解事物及社会的发展规律，同时在充分地利用规律来影响事物及社会发展，可见思维具有逻辑性。逻辑性反映出思维是一种抽象的理性认识，表明思维过程有一定的形式、方法和规律。

（8）思维具有形象性。思维常借助形象化的材料来进行，形象既是思维的载体，也是思维的工具。

（9）思维具有统一性。人类具有普遍性的思维，在基本思维层次上，人类的反应具有统一性和一致性。

（10）思维具有差异性。人类思维能力的最基本的东西是一致的，但并不是说人与人之间在思维上就没有差别，实际上每个人深层上的思维常常有很大的不同，存在着个体差异性。

（三）思维的分类

1. 从抽象性上划分

思维有很多分类方法，从抽象性来划分，主要可分为直观行为思维、具体形象思维、抽象逻辑思维。

（1）直观行为思维。其是直接与物质活动相联系的思维，又称感知运动思维。这种思维主要是协调感知和动作，在直接接触外界事物时产生直观行动的初步概括，感知和动作中断，思维也就终止。比如，儿童玩积木不是想好了再玩，而是玩起来再想，边玩边想，边想边玩，儿童最初的这种思维就是直观行为思维。运动员对技能和技巧的掌握也需要直观行动思维做基础。

（2）具体形象思维。其是以具体表象为材料的思维，是一般形象思维的初级阶段。它不具备真正揭示事物的本质特征，而具有开始认识事物的属性及具体形象性。它往往凭借事物的具体形象、表象或语言来进行，其在文艺创作中经常得到运用。

（3）抽象逻辑思维。这是高级的思维方式，以抽象概念为形式，依靠概念、判断和推理进行思维，最终反映事物的本质属性和规律性联系。它是人类思维的核心形态，也是人类最基本的、运用最广泛的思维方式。

2. 从目的性上划分

从思维的目的性来看，思维可以分为上升性思维、求解性思维、决策性思维。

（1）上升性思维。其以实践所提供的个别经验为起点，把个别经验上升为普遍性的认识。个别思维大多来自日常生活体验，因而不具有普遍的指导意义，其真实性有待实践检验，最终上升为普遍性认识。

（2）求解性思维。这种思维始终是围绕问题展开的，依靠已有的知识去寻找与现状之间的中间环节，从而使问题获得解决。例如，在解答数学题时，应先分析已知条件，看看问题，最后再找由条件到问题之间的桥梁。

（3）决策性思维。它是以预测未来效果为中心的思维活动，是人们面对某一事物的发展趋势而做出果断抉择的思维，是以规范未来的实验过程或预测其效果为中心的思维。它遵循具体性、发展转化、综合平衡三条原则。

3. 从智力品质上划分

从智力品质上划分，思维可以分为再现思维、创造思维。

（1）再现思维。这是一种一般性思维，主要依赖过去所获得的知识和经验，对过去的记忆进行思维再现，按现成的方法或程序去解决问题。这种思维方式往往是对自己或他人以往的思维活动进行重复与模仿，缺乏创新性。

（2）创造思维。这种思维形式是人们在已有的知识和经验的基础上，对问题找出新答案、发现新关系或创造新方法的过程，是思维的一种高级形式。虽然其依赖于过去的经验和知识，但却会把它们综合组织形成全新的东西，其最突出的标志是新颖、独特。在很多行业取得突破性成绩和见解的人往往具备这种思维。

4. 从思维技巧上划分

从思维技巧上划分，思维可以分为以下几种。

（1）归纳思维。它是由一系列具体的事实概括出一般原理的思维（与“演绎思维”相对），需要从一个个具体的事例中，推导出它们的一般规律和共同结论。比如，数学中就经常用到归纳思维。

（2）演绎思维。演绎思维是把一般规律应用于一个个具体事例的思维。在逻辑学上又称演绎推理。它是从一般的原理、原则推及个别具体事例的思维方法。

（3）批判思维。人们在解决问题的时候，往往强调批判思维。它一方面需要品评和批判既定的想法或假说；另一方面需要思考者积极进行思维，提高思考的质量，巧妙地运用思维内在的结构并用智能标准对思考施加影响。批判思维体现为独立自主、自信、思考、不迷信权威、头脑开放、尊重他人等。

（4）收敛思维。收敛思维是与发散思维相对的，又称集中思维、求同思维，是指从已知的种种信息中产生一个结论，从现成的众多材料中寻找一个答案。从许多资料中找出合乎逻辑的联系，从而导出一定的结论，对几种解决方案加以比较研究，从而导出一种解决办法的，就属于这种思维。

（5）发散思维。发散思维也称求异思维、辐射思维、放射思维、扩散思维，是大脑呈现一种扩散状态的思维模式。它表现为思维视野广阔，呈现出多维发散状。最常见的发散思维形式如“一题多解”“一事多写”“一物多用”“一词多义”等。

（6）侧向思维。使用侧向思维思考时，要求避开问题的锋芒，从侧面去想，在最不起眼的、次要的地方多做文章，进行侧面挖掘，扩大价值。这种利用局外信息来发现解决问题的途径的思维往往会有意想不到的效果，也更简单、方便。

（7）求证思维。求证思维是用自己掌握的知识和经验去验证某一个结论的思维，现实生活中很多问题需要求证才能为人们所信服。求证思维的结构包括论题、论据和论证方式，如我们写议论文，就需要充分论证我们的观点，才能被读者接受。

（8）逆向思维。逆向思维是对司空见惯的、似乎已成定论的事物或观点反过来进行思考，看看结果是什么，也即“反其道而思之”。从问题的反向进行探索，有利于树立新思想，创立新形象。其实，对于某些特殊问题，当人们习惯于沿着事物发展的正方向去思考时，往往难以寻求到解决办法，如果从结论往回推，倒过来思考，或许会使问题简单化。我们常常说的“以终为始”就是运用了这种思维方式。

（9）横向思维。横向思维是在更广阔的领域进行思维拓展，打破逻辑局限，它的特点是不限制任何范畴，以偶然性概念来逃离逻辑思维，从而创造出更多新想法、新观点、新事物。这种思维大都是从与之相关的事物中寻找解决问题的突破口，围绕同一个问题，从不同的角度去分析或在与之相关的事物分析中寻找答案。我们常说的“左思右想，思前想后”就是运用了这种思维方式。

（10）递进思维。递进思维以当前现状为起点，以最终目标为方向，有条理、有步骤、有序地进行递进思考，由浅入深，逐步深化，最终达到想要的目标或者结果。例如，数学运算中的多步运算就是运用了这种思维。

（11）想象思维。想象思维是人们在联想中进行思维，大脑通过形象化概括，对已有记忆表象进行加工、改造或重组，经过新的组合创造出新形象，是形象思维的具体化，是人类进行创新活动的重要的思维形式。

（12）分解思维。分解思维又称分离思维，将研究对象或问题进行科学分解，使其本质属性和发展规律从复杂现象中暴露出来，从每个部分及其相互关系中去寻找答案，从而使研究者能够理清研究思路，抓住主要矛盾，以获得新思路或新成果的思维方法。

（13）推理思维。推理思维是一种逻辑思维，通过一个或几个已知前提推出新判断（结论）的过程。思维过程中需要对一个事物进行分析、判断，得出结论，再以此类推通过判断、推理去解答问题。

（14）对比思维。对比思维通过对两种相同或是不同的事物进行比较，寻找事物的异同及其本质与特性。比如，我们生活中的排序、目标达成情况、横向对比、纵向对比等都属于这种思维方式。

（15）交叉思维。交叉思维是在寻找答案的过程中，在一定的点暂停，同时再从另一个方向寻找答案；也可在同一个地方暂停，交叉汇合沟通思路，找出正确的答案。

（16）转化思维。转化思维是在解决问题的过程中遇到障碍时，把问题由一种形式转换成另一种形式，使问题变得更简单、清晰。

（17）跳跃思维。跳跃思维又称跳跃式思维或跳跃性思维，跳过事物中的某些中间环节，省略某些次要的过程，直接达到终点。该思维不依照逻辑步骤，直接从一种可能跳到另外一种可能，并再一步推而广之到其他相关的可能。

（18）直觉思维。直觉思维是对一个问题未经逐步分析，仅依据内因的感知迅速地对问题答案作出判断、猜想、设想。直觉思维是一种心理现象，是可以有意识地加以训练和培养的。

（19）渗透思维。渗透思维是分析问题时，看到错综复杂的、互相渗透的因素，通过对这些潜在因素关系的分析来解决问题。

（20）统摄思维。统摄思维是用一个概念取代若干概念，并对事物进行高度抽象，把握事物的全貌，统摄推论各个环节。

（21）幻想思维。幻想思维是人的大脑思想天马行空，在毫无现实干扰的理想状态下进行任意方向的发散，进行任何形态的幻想与思考。当然，由于幻想有时会脱离实际，无法避免错误的产生，但只要幻想最终能回到现实中来并加以检验，错误就会被发现并纠正。

（22）灵感思维。灵感思维常常以“一闪念”的形式出现，是由人们潜意识思维与显意识思维多次叠加形成的，一般凭借直觉进行，具有快速、顿悟性的表现。它是逻辑性与非逻辑性相统一的理性思维整体过程，是人们创造过程中出现的一种最富有创造性的突破思维。

（23）平行思维。平行思维是指从不同角度认知同一个问题的思考模式，它能够使人们跳出原有的认知框架，打破思维定式，通过转换思维角度和方向来重新构建新概念和新认知。平行思维能够促使人们进行创造性思考和建设性思考，看到解决问题的更多的可能性。平行思维往往是为了解决一个较为大型的问题，需要从不同的方向寻求互不干扰、互不冲突，即平行的方法来解决问题的一种思路，也是发散思维的一种形式。

（24）组合思维。组合思维又称连接思维或合向思维，是一种把多项貌似不相关的事物通过想象加以连接，从而使之变成彼此不可分割的新的整体的一种思考方式。其在思维过程中，通过对若干要素的重新组合，产生新的事物或创意。

（25）辩证思维。辩证思维通常以变化发展视角认识事物，是与逻辑思维相对立的一种思维方式。在思维过程中，事物可以在同一时间里“亦此亦彼”“亦真亦假”而无碍思维活动的正常进行。

（26）综合思维。很多问题光靠一种思维方式是不能解决的，必须有多种思维方式综合运用才能解答。综合思维就是把某一事物的某些要素分离出来，组接到另一事物或事物的某些要素上的创造性、创新性思维的过程，其核心是将多种思维方式结合起来运用。

（四）思维的过程

思维是对一个信息反馈及加工的过程，典型的思维过程由准备、立题、搜索、捕获和解释构成。

1. 准备

这是一个信息积累的阶段，人们通过学习性或搜集性的形式积累信息。学习性的积累可以没有具体目标，只为积累更多的知识，以利于今后解决更多的问题。当然也可以有目的、有方向地进行积累，为后期的研究方向奠定基础。在“大众创业、万众创新”的时代，学生的信息积累更应该是多样的，学习的积累更多地应以提升自身综合素质，努力具备创新创业精神、创新创业素养、创新创业能力为方向，不管将来是就业或是创业，都会为其奠定良好的基础。搜集性的信息积累一般有明确目标，有明显的针对性，为解决某个具体问题而进行。比如，学生团队在做某个项目时对项目进行相关信息、素材的积累搜集，大学生创业初期进行市场信息收集等，这类信息积累具有明显的目标性及针对性。

2. 立题

立题是思想上的跃升，是思维的一个新阶段。从信息的角度来看，立题就是思维主体对已经接受的基本信息的一个总的反映或跃迁、繁衍和深化的表现形式。在大学生创新创业的过程中，立题体现为对已经收集的项目信息或创业需要信息进行总体的思考，进行有目的性的甄选，选择有用的信息进行再次深化、总结、思考，为后面的项目进行或创业运营打下基础。

3. 搜索

为解决问题，需要继续在原有的思维阶段进行新的思维，这就是搜索。搜索是明确目标下的思维，是围绕目标进行的有针对性的、全方位的思维。搜索的思维过程包括问题分解和设计搜索方案两个阶段，可以运用个体思维，借助社会思维，还可借助机械仪器。在大学生创新创业过程中，围绕项目目的或经营目的，对信息进行新的加工，在加工的基础上得到更进一步的信息，并能够针对问题提出针对性解决方案。

4. 捕获

捕获是解决问题的一种跃升。捕获有实事捕获和思想捕获两种形式。实事捕获常常来自资料查询和实验观察等。思想捕获更能使问题的解决跃上一个新的阶梯。在大学生创新创业过程中，解决方案的实施会给项目或经营带来事实的捕获，但更应该获取的是思想的捕获。思想的捕获和升华，将为大学生在走向社会后的就业或创业过程中遇到类似问题或更困难的问题时提供更高层次的思维基础。

5. 解释

解释又称接通。解决问题的过程随着搜索、捕获而逐渐升级，逐渐明朗化，经适当步骤之后，再实行一次对全过程的综合整理，这叫接通。接通思维在解决问题全过程中的每一阶段都需要。例如，在立题前的信息积累过程中，没有接通综合思维就不可能产生立题的飞跃。经过整体思维过程的经常性思考和训练积累，人们的思维将会产生质的飞跃。因此，大学生在校期间，应抓住可能的机会，在项目的锻炼中，在创业的经营中，突破思维的局限与障碍，最终实现思维方式的质的提升。

二、创新思维

创新思维是人类所独有的，它既有一般思维的特征，又有其独特的魅力特征。人类正是凭借着创新思维不断地认识世界、改造世界，不断推动生产力变革。创新思维是人类思维中的精华部分，是人类智慧的结晶，是人类不断增强的创造力和创新活动的基础。目前国际上公认的21世纪重点研发的高新技术领域分别是信息技术、生物技术、新材料技术、新能源技术、空间技术和海洋技术等，它们将会带来世界性的又一次变革。关于创新思维，有人认为其是指以新颖、独创的方法解决问题的思维过程，通过这种思维能突破常规思维的界限，以非常规甚至反常规的方法、视角去思考问题，提出与众不同的解决方案，从而产生新颖的、独到的、有社会意义的思维成果。有人认为创新思维是人类思维的高级形式，它运用逻辑思维和非逻辑思维揭示事物的本质属性、内部规律和事物之间的非常规的活动轨迹，创造出独特的、新颖的和有社会价值的成果。也有人认为创新思维是在客观需要的推动下，以获得新的信息和已储存的知识为基础，综合地运用各种思维形式和思维方式，克服思维定式，经过对各种信息、知识的匹配、组合，或者从中选出解决问题的最优方案，或者系统地加以综合，或者借助类比、直觉、灵感等思维方式创造出新理论、新方法、新概念、新形象、新观点，从而使认识或实践取得突破性进展的活动。

从以上各种观点可以看出，创新思维主要有以下几个层面：①创新思维和常规思维不同，需要突破常规思维，具有新的特点；②创新思维可以体现为方法或者解决方案，总的来说是各种思维的综合运用；③创新思维的最终结果是产生新的社会价值或成果，以社会客观需要为前提。

在我们的日常工作生活中，创新思维在本质上更重要的是将创新意识的感性愿望提升到理性的探索上，实现创新活动由感性认识到理性思考的飞跃。

关于创新思维特征的总结有很多，一种观点认为创新思维具有创新性、突破性、风险性、开拓性、综合性等特征，还有一种观点认为创新思维具有实践性、求新性、价值性、方法性、社会性、系统性等特征。不管是哪种观点，我们都可以看出创新性（求新性）、系统性（综合性）是创新思维必不可少的特征。另外，创新思维应该产生价值，满足社会或个人某个方面的需求，所以价值性也是其必不可少的一个特征。

思维的创新性可以理解为具有独创性和新颖性。独创性也称原创性或初创性，是创作者经过独立创作产生的，具有非模仿性和差异性。独创性在思路的探索、思维方式方法和思维结论上，都能提出新的创见，做出新的发现，实现新的突破。独创性要求我们要打破陈规旧俗，敢于想人之所未想或不敢想之事，做别人未做或者不敢做之事。新颖性则体现了我们思维的求异性，不同于他人。在我们的创新活动中，尤其是初始阶段，对新颖性的要求非常高，人们更多地关注现象与本质、形式与内容的不一致，更多地关注差异。

创新思维的系统性主要是从系统创新的角度来说的，我们在创新活动过程中，需要对创新活动整体系统的组成要素之间的关系、结构、流程及环境进行动态的、全面的梳理，并依据其内在规律对创新活动进行有序的组织实施，以促进创新活动系统整体功能优化，使整个创新活动系统发生质变。在许多情况下，创新思维是对已有成果的系统综合，是对多种思维方法的系统综合应用，是对多种思维形态的综合运用。创新思维的价值性在于它能够带来社会价值，不管是知识的增加、科技的进步，还是问题的解决、事物的发明、管理的改善，都是具有价值的。

第二节　思维定式与创新思维障碍

一、思维定式

（一）思维定式及作用

有一个试验，把六只蜜蜂和同样多的苍蝇装进一个玻璃瓶中，然后将瓶子平放，让瓶底朝着窗户。蜜蜂不停地想在瓶底上找到出口，一直到它们力竭倒地或饿死；而苍蝇则会在不到两分钟之内，穿过另一端的瓶颈逃逸一空。先不说试验事实真相到底如何，就这个试验描述来看，蜜蜂基于出口就在光亮处的思维定式，想当然地设定了出口的方位，并且不停地重复着这种合乎逻辑的行动，没能走出“囚室”。苍蝇则对所谓的逻辑毫不留意，全然没有对亮光的定式，而是四下乱飞，终于走出了“囚室”。

所谓思维定式，就是按照已有的思维活动经验教训和已有的思维规律，在反复使用中所形成的比较稳定的、定型化的思维，也称“惯性思维”。思维定式往往是由以往活动经历而造成的一种特殊心理准备状态或活动倾向性，对以后的感知、记忆、思维、情感等心理活动和行为活动起正向的或反向的推动作用。在环境不变的条件下，思维定式使人能够应用已掌握的方法迅速解决问题。而在情境发生变化时，它则会妨碍人采用新的方法。消极的思维定式是束缚创造性思维的枷锁。

思维定式是有积极作用的，在解决相似问题过程中可以将新问题特征与旧问题特征进行比较，抓住新旧问题的共同特征，将其与已有知识经验与问题情境建立联系，利用过去处理该类问题的知识经验进行处理，或者把新问题转化成一个自己熟悉并已解决过的问题，从而为新问题的解决做好积极的心理准备。从这个角度来说思维定式是有其积极作用的，但也要注意：①思维定式解决问题需要有一个明确的方向和清晰的目标。②思维定式方法只是实现目标的手段，不同类型的问题总有相应的、常规的或特殊的解决方法，定式能使我们对症下药，是解题思维的核心。③思维定式解决问题是一个有目的、有计划的活动，必须有步骤地进行，并遵守规范化的要求。因此，采用按常规处理问题的思维方式，发挥思维定式的积极作用可以省去许多摸索、试探的步骤，缩短思考时间，提高效率。

思维定式往往也具有很大的消极作用，不利于创新思考，不利于创造。个人已经形成的知识、经验、习惯都会使人们形成认知的固定倾向，从而影响后来的分析、判断。在生活中，很多人喜欢拿自己过去的经验和认知来对现实的事物或活动进行判断，并采取相对应的措施，殊不知，事物是发展变化的，同样的道理过去适用，不代表现在就适用，甚至一天之内，下一秒情况都可能不同。我们切忌静止、孤立地分析问题，要用动态的、发展的眼光看待问题。我国古代的“智子疑邻”“刻舟求剑”等很多典故都说明了思维定式的消极作用。大量事例表明，当一个问题的条件发生质的变化时，思维定式会使解题者墨守成规，难以涌出新思维，做出新决策，造成知识和经验的负迁移，对问题解决具有较大的负面影响。

（二）打破思维定式

有一个故事：清朝时期，通山县有个叫谭振兆的人，小时候因为家里比较宽裕，父亲给他定了亲，亲家是同村的乐进士。后来，谭父死了，谭家渐渐衰退，经济条件远不如以前，乐进士便想赖婚。一天，谭振兆卖菜路过岳父家，就进去拜见岳父。乐进士对他说：“我做了两个阄，一个写着婚字，另一个写着“罢”字。你拿到“婚”字，就把女儿嫁给你；拿到“罢”字，咱们就退婚，从此谭乐两家既不沾亲也不带故。不过，两个阄你只看一个就行了。”说完就把两个阄摆出来。谭振兆心想：这两个阄分明都是“罢”字，我不能上他的当。想到这，他立刻拿了一个阄吞进腹中，指着另一个对乐进士说：“你把那个阄打开看看，如果是“婚”字，那我吞下的是“罢”字，我马上就离开这，咱们退婚；若是“罢”字，那就说明我吞下的是婚字，这门亲事算定了。”乐进士煞费苦心制造骗局却被谭振兆识破，没办法只好把女儿嫁给谭振兆。这便是一个打破思维定式的例子，成功学上“凡事至少有三种以上的解决办法”告诉我们，很多问题看似无解，但只要我们多思考，善于打破常规，往往是可以找到解决办法的，能够把人限制住的只有人自己。

大学生在创新创业的过程中也常常会遇到类似的情况，遇到问题自己觉得无解，其实很多问题是可以解决的，只是从自己过去的知识和经验出发而难以解决。所以我们在关注大学生创业的过程中，要充分重视导师或者咨询顾问的作用，导师可以是学校教师，也可以是企业经营管理者，他们的思维和解决问题方式可以给学生更多的启迪，有助于学生增长相关的知识和经验，有更多的可能性去打破思维定式。

二、创新创业的思维障碍

（一）思维障碍

思维障碍通常指思维联想活动量和速度方面发生异常。心理学一般把思维障碍分为四类：概括过程障碍、思维动力障碍、思维动机成分的障碍、思维内容的障碍。而常见的思维障碍有思维奔逸、思维迟缓、思维贫乏、思维破裂、思维散漫、思维中断、思维不连贯等。

（二）创新创业思维障碍

在大学生的创新创业过程中，很多思维障碍往往是由思维定式造成的，也有一些其他因素会造成思维障碍，常见的导致思维障碍的状况有如下几种。

1. 经验定式导致思维障碍

清朝后期，有一个人研究出了可连发28颗子弹的枪与将军炮，但是皇帝却说“骑射乃满族之根本”，拒绝使用这些东西。原因很简单，当初满族就是用这些传统的武器来打天下的。这是一种典型的经验定式导致的思维障碍，直线思维是一种单维的、定向的、视野局限、思路狭窄、缺乏辩证性的思维方式，但同时也被认为是以最简洁的思维历程和最短的思维距离，直达事物内蕴最深层次的一种思维方式。养成了直线型思维习惯，就不善于从侧面、反面或迂回地去思考问题，难免会陷入思维的误区。

在高校学生创新创业过程中，经验定式导致的思维障碍也是经常存在的，有的学生受自己高中经历的影响，有的学生受家庭环境的影响，有的学生受周围同学、朋友的影响，做一件事情的时候常拿自己以前所看到的东西作为判断依据，有时候做出错误的判断，最后导致事情失败。

2. 从众定式导致思维障碍

心理学家阿希在 1956 年进行了关于从众现象的经典性研究。他的实验旨在研究从众现象的具体表现、产生及其原因。该实验以大学生为被试对象，每组 7 人，坐成一排，其中 6 人为事先安排好的实验合作者，只有一人为真被试者。实验者每次向大家出示两张卡片，其中一张画有标准线 X，另一张画有三条直线 A、B、C。X 的长度明显与 A、B、C 三条直线中的一条等长。实验者要求被试判断 X 线与 A、B、C 三条线中哪一条线等长。实验者指明的顺序总是把真实被试者安排在最后。第一、第二次测试大家没有区别，第三次至第十二次前 6 名被试按事先要求故意说错，借此观察被试者的反应是不是从众行为。此实验名为“阿希实验卡片”，如图 3－1 所示。

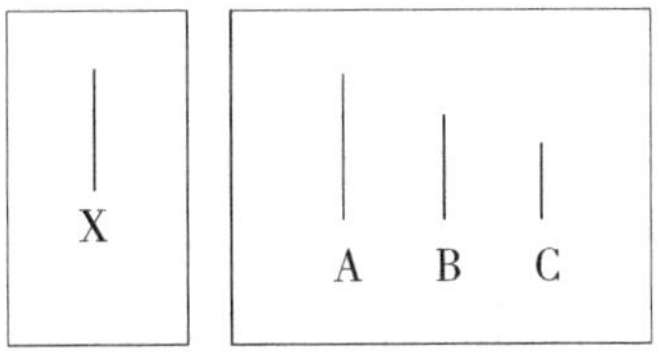

图 3－1 阿希实验卡片

在两次正常判断之后，5 个假被试者故意异口同声地说出一个错误答案。于是许多真被试者开始迷惑了，从总体结果来看，平均有 33% 的人的判断是从众的，有 76% 的人至少做了一次从众的判断，而在正常的情况下，人们判断错的可能性还不到 1%。当然，还有 24% 的人一直没有从众，他们按照自己的正确判断来回答。

在高校有相当一部分学生表现出了从众行为，部分学生到了新的环境，为了使自己合群，不被同学孤立，往往缺乏主见，跟随众人思维，经常做自己不愿意做的事情，这些对学生的成长是非常不利的，尤其在创新创业的过程中。

3. 权威定式导致思维障碍

北宋年间，大文豪苏东坡有一次去看望济南监镇宋保国。宋保国将王安石写的《华严经注解》拿出来展示。苏东坡说：“华严经本来有八十一卷，现在却只有一卷，这是怎么回事啊？”宋保国说：“荆公（指王安石）注解的这一卷才是佛语，非常精妙，其他卷都是菩萨语（指废话）。”苏东坡见他这么崇拜王安石，就说：“我从经书中，取出几句佛语，夹杂在菩萨语中，再找出几句菩萨语，夹杂到佛语中，你能分辩清楚吗？”宋保国说：“不能。”东坡又说：“我以前曾住在岐下那个地方，听说附近河阳县的猪肉味道很好，就叫人去买，这人回来的路上喝醉了酒，猪夜间逃走了，于是他就另买了一头普通的猪来顶替。客人尝了这猪肉后，都赞不绝口，连说好吃，认为非一般的猪肉可比。后来，这件用假猪顶替的事情败露了，客人知道后，都为自己当初的表态感到惭愧。今天荆公写的假话就如同那头假猪一样，只是没有败露罢了。如果你用心去体会，就会发现墙壁瓦砾，都昭示着很精妙的佛法。至于说什么佛语很精妙，不是菩萨语能比得上的，这难道不是梦话吗？”宋保国惭愧地说：“您说的有道理。”

从这个故事中我们可以看到，王安石对宋保国的影响有多大，现实生活中我们很多人也经常因为别人的影响而做出错误的判断。比如，有些人生病看医生喜欢选择专家，选择大医院，不管大病小病；有些人遇到难以解决的问题时，喜欢征求亲友家族里影响力较大的人物的意见，而不是根据实际分析问题或者请教专业人士。权威的影响在社会中非常常见，所以大学生在做事做人上要尊重他人意见，但一定不能一味地盲从，尤其是在创新创业的路上，盲从往往是成功的绊脚石。

4. 规则定式导致思维障碍

一位年轻的炮兵军官上任伊始，到下属部队视察操练情况，他在几个部队发现了相同的情况：在一个单位操练中，总有一名士兵自始至终站在大炮的炮管下面纹丝不动。军官不解，询问原因，得到的答案是：操练条例就是这样要求的。军官回去后反复查阅了军事文献，终于发现长期以来，炮兵的操练条例仍遵循着非机械化时代的规则。站在炮管下士兵的任务是负责拉住马的缰绳，在那个时代，大炮是由马车运载到前线的，以便在大炮发射后调整由于后坐力产生的距离偏差，减少再次瞄准所需的时间。现在大炮的自动化和机械化程度很高，已经不再需要这样一个角色了，但操练条例没有及时调整，因此才出现了“不拉马的士兵”，军官的这一发现使他获得了国防部的嘉奖。从这个故事我们可以看出，我们所认为的规则，随着时间的变化往往会成为束缚事物发展的枷锁，如果一味地遵从教条，可能会导致失败。

在大学生创新创业过程中，教条主义现象很常见。有些商业思维和商业逻辑，不一定能跟得上时代的发展，如商业经营。随着互联网 + 时代的发展，很多新的商业模式、现象及经营方法都在变化。有些学生没有注意观察，往往忽略这些东西，只是遵循自己所了解的过去的商业信条，拿到市场中检验时才发现有些东西不一定适用，所以学生要学习理解一些基本的商业原理，但也不能一味地遵从教条。互联网 + 时代，任何新的商业原理取代过去的商业原理都不足为奇。

5. 简单思维定式导致思维障碍

有这样一个问题：一位局长在路边同一位老人谈话，这时跑过来一个小孩，急促地对局长说："你爸爸和我爸爸吵起来了！"老人问："这孩子是你什么人？"局长说："是我儿子。"请你回答：这两个吵架的人和局长是什么关系？其实这个问题非常的简单：局长是个女的，吵架的一个是局长的丈夫，即孩子的爸爸；另一个是局长的爸爸，即孩子的外公。但是如果按照成人的经验，局长应该是男的，从男局长这个心理定式去推想，自然找不到答案。从故事中我们可以看出，有时候已经形成的经验会制约我们的思维。

6. 书本定式导致思维障碍

有个故事说，很久以前，有位学子不远千里四处访师求学，为的是能学到真才实学，可是让他感到苦恼的是，他学到的知识越多，却越觉得自己无知和浅薄。有一次他遇到一位高僧，便向其倾诉了自己的苦恼，并请求高僧想一个办法让自己从苦恼中解脱出来。高僧听完了他所诉说的苦恼后，静静地想了一会，然后慢慢地问道："你求学的目的是求知识还是求智慧？"那位学子听后大为惊讶，不解地问道："求知识和求智慧有什么不同吗？"那位高僧听了笑道："这两者当然有所不同了，求知识是求之于外，当你对外在世界了解得越广，了解得越深，你所遇到的问题也就越多越难，这样你自然会感到学到的越多就越无知和浅薄。而求智慧则不然，求智慧是求之于内，当你对自己的内在世界了解得越多和越深时，你的心智就越圆润无缺，你就会感到一股来自内在的智性，也就不会有这么多的烦恼了。"学子听后还是不明白，继续问道："大师的话我还是不明白，请您讲得更简单一点好吗？"高僧就打了一个比喻："有两个人要上山去打柴，一个早早地就出发了，来到山上后却发现自己忘记磨砍柴刀，只好钝刀劈柴。另一个人则没有急于上山，而是先在家磨快刀后才上山，你说这两个人谁打的柴更多呢？"学子听后恍然大悟，对高僧说："大师的意思是，我就是那个只顾砍柴忘记磨刀的人吧！"高僧笑而不答。从故事中我们可以看出，盲目崇拜书本知识，把书本知识当作框框，会束缚我们的思维，而看不到书本知识与现实世界之间的巨大反差。

有些学生在创新创业过程中，过于执着于书本，连写商业计划书都严格按照既有书本范例，而在我们实际写商业计划的过程中，要重点关注我们为什么写计划书以及给谁看这类问题，而不是平铺直叙采用同样的模式。俗话说，"尽信书不如无书"，"纸上得来终觉浅，绝知此事要躬行"，学生在学习书本的过程中要注意充分地联系实际。

7. 自我定式导致思维障碍

赤壁之战后，荆州七郡被刘备、曹操、孙权三家瓜分，刘备入蜀（四川），留关羽镇守占据的荆州五郡。刘备得到蜀川后，将长沙、桂阳两郡还给了孙权。后来关羽出兵攻打曹操的襄樊地区，孙权派吕蒙乘虚偷袭荆州三郡（南郡、武陵、零陵），导致荆州三郡失陷。这就是我们常说的"大意失荆州"，失去荆州最主要的原因是关羽盲目自信、疏忽大意、骄傲轻敌。陈寿在《三国志》中指出：关羽"称万人敌，为世虎臣。然刚而自矜"。从中我们可以看出，自我定式对做事情的影响是非常大的，盲目自信会导致失败。同样，盲目自卑也会导致失败。

在大学生创新创业过程中，很多学生给自己过早地进行自我定式。有的学生过度自信，认为自己非常强，完全可以立于不败之地；有些学生过度自卑，认为很多事情自己做不到，而忽略了人是有潜能的。我们不要过早地进行自我定式，凡事要勇于尝试，相信自己能做到。

8. 非理性定式导致思维障碍

有一对夫妻，闹到要离婚的地步，调解员问他们：为什么要离婚呢？能否说一下原因。原来是由一件极小的事情引起的，早晨刷牙，丈夫牙膏挤得有点多了，妻子说："败家子，就不能省着点用。"丈夫心里非常不高兴，就把牙膏甩到了妻子的脸上，妻子顺手就打了丈夫一个巴掌……就这样从小事闹到离婚，双方都处于非理性的思维定式里。人偏离了理性的引导，而处于感情、欲望、情绪、潜意识等因素的支配下，无法清醒而准确地把握事物和问题，这种情况下做出的决策可能是错误的，会带来很严重的后果。

大学生在创业过程中也经常有这种情况，有些学生凭借一股热血和冲动就去创业，然而由于个人素质、物质基础等多方面都没有准备好，最后以失败告终。所以当我们在非理性的情况下尽量不要去做决策，等冷静下来了再思考，决策出现错误的可能性就会小很多。

9. 习惯性定式导致思维障碍

明英宗朱祁镇从小就依赖他的启蒙老师——太监王振。朱祁镇幼年登基，一直都由王振带着，对王振言听计从。偏偏王振是个好高骛远，又贪心又没能耐的人。后来王振挑起了瓦剌和明王朝的战争。王振为了自己获得兵权名垂青史，怂恿朱祁镇带领全部精锐御驾亲征。结果数十万大军因为王振的指挥连战场都没上就全军覆灭了，明朝积累数十年的精锐武器全被瓦剌抢走，皇帝朱祁镇被瓦剌俘虏，众多随驾的朝廷命官殒命。朱祁镇成了俘虏后，留在京城的朝臣为了防止瓦剌以皇帝要挟大明朝，废了朱祁镇的皇位，改为太上皇，并在北京拥立朱祁镇的弟弟朱祁钰为帝。从这个历史故事中我们可以看出，习惯性定式会导致人们在很多事情出现后习惯性地依赖别的人、事、物，缺乏自己的主见和思考，从而失去主动权，导致失败。

有些大学生在创业过程中存在习惯性依赖，依赖的对象可能是家长、教师、同学、朋友。充分地听取周围人的意见，尊重周围人的意见没问题，但是出现了习惯性依赖，创业能否成功就不是由自己决定的了。

10. 时间管理不当导致思维障碍

蒯通是韩信的谋士，在韩信还是齐王的时候就看出刘邦会杀韩信，劝韩信起兵造反，建议韩信与刘邦、项羽三分天下，韩信说："汉王待我不薄，我怎能见利忘义、背恩忘德呢?"韩信念及刘邦恩情不忍背叛，后被吕后杀死。韩信临死长叹："吾悔不用蒯通之计。"其实在整个过程中，韩信一直犹豫不决，一再拖延，时机最后发生了变化，他也错失了机会。

大学生在创新创业过程中，也经常会因为犹豫、拖延、时间管理不当而失败，懒是多数人的行为习惯，当没有足够的动力促进人们勤奋时，个人的自觉性就显得十分重要，大学的学习、生活更多地需要自觉性，创新创业中的人们更要及时地克制懒的欲望，方能走得更远。

11. 缺乏独立思考导致思维障碍

有个人很想找个生意做。一天，有一个朋友找到了他，声称自己有个餐馆，非常不错，客人也多，地段也不错，由于自己要去其他地方，想转让出去。看在朋友的份上，转让价格也很便宜。这个人空闲的时候也去餐馆看了，果然里面有很多就餐的，就相信了朋友的话，并没有认真思考事情背后的东西，花钱把餐馆盘了下来。当他接手几个月以后发现，餐馆的生意并不好，一直在亏损，后来他才明白，原来他去看的时候在朋友餐馆吃饭的人都是托儿，如果朋友餐馆经营得非常好，非常赚钱，为什么会这么便宜就转让给他了呢？可见，当我们缺乏独立思考的时候，往往会忽略很多事物背后本质的东西，最终导致自己失败。

近年来，在校大学生因为遇到事情没有认真思考而受骗的情况屡见不鲜。同样，经历得不够多，缺乏思考，也是大学生创新创业中一个常见的问题，因此我们支持大学生在条件允许的情况下，积极地尝试做项目，甚至尝试创业，不管成功或失败，这种经历都值得大学生进行认真的总结与思考，学会思考，可以避免毕业后在生活工作中走弯路。

12. 缺乏乐趣导致思维障碍

1965 年 9 月 7 日，世界台球冠军争夺赛在纽约举行，路易斯 · 福克斯一路遥遥领先，只要再得几分便可稳拿冠军了，就在这个时候，他发现一只苍蝇落在主球上，他挥手将苍蝇赶走了。可是，当他俯身击球的时候，那只苍蝇又飞回到主球上来了，他在观众的笑声中再一次起身驱赶苍蝇。这只讨厌的苍蝇开始破坏了他的情绪，而且更为糟糕的是，苍蝇好像是有意跟他作对，他一回到球台，它就又飞回到主球上来，引得周围的观众哈哈大笑。福克斯的情绪烦躁到了极点，终于失去理智，愤怒地用球杆去击打苍蝇，球杆碰动了主球，裁判判他击球，他因此失去了一轮机会。福克斯方寸大乱连连失利，而他的对手约翰 · 迪瑞则愈战愈勇，赶上并且超过他，最后夺得冠军。其实在我们的生活中存在着许多影响我们心情的事物，导致我们对事业失去乐趣。当我们的事业受到其他影响而使我们对其失去乐趣时，离失败就不远了。

有些学生在面临某些事情的时候总会说“对不起，我不感兴趣”，还将其作为不做事情的理由，其实这是一种不理智的行为。工作也好，创业也好，不可能所有的事情都符合我们的兴趣。我们可以尝试着对它们产生兴趣，做这件事不过是我们通往成功路上的一个工具而已，能这样想，心态就会平和，做事的效率也会不一样。

第三节　创造性思维与创新创业教育

关于创造性思维的定义，学术界并没有统一的界定。有学者认为，创造性思维是一种具有开创意义的思维活动，它是以感知、记忆、思考、联想和理解等能力为基础，以综合性、探索性和求新性为特征的高级心理活动，包含推理、想象、联想和直觉等思维活动。也有人认为，创新思维是以解决科学或艺术研究中所提出的疑难问题为前提，用独特而新颖的思维方法，创造出有社会价值的新观点、新理论和新方法等的心理过程，其思维具有独特性质，如求异性、独创性、变通性、综合性和超越性。

创造性思维具体表现为发散思维、逆向思维、联想思维和灵感思维等几种思维形式。发散思维是从问题的本身出发，从不同的角度、渠道，大胆设想寻求解决问题的方法。例如，微型冰箱的异军突起。收敛思维是指把看似不相关的事物通过移植和解构等方式再次组合起来，使之成为一个新的有机整体。立体思维是指跳出点、线、面的限制，能从上下左右，四面八方去思考问题的思维方式。逆向思维是指从解决问题的常规思维的反向思考问题的方式，避免走入常规思维的死胡同，它“反其道而思之”。例如，司马光砸缸。

创造性思维是一个渐变与突变结合的变革过程。英国心理学家 G. 华莱士提出的四阶段模式比较有代表性，他将创造性思维的心理过程分为四个阶段：准备阶段（提出问题）；酝酿阶段（问题的求解）；豁朗阶段（问题的突破）和验证阶段（成果证明）。创造性思维心理学层次可分为显意识思维和潜意识思维。

21世纪是创业经济时代，其核心是创新。创新创业活动是指创新创业人才综合运用自身的创新意识、创造性思维和创新创业能力进行创新创业实践。其核心是创造性思维，这是因为创新意识是指在本职岗位上为社会创造出有价值的全新物质产品或精神产品的强烈愿望，以及“敢为天下先”的勇气和胆魄；创新创业能力则是指具有把上述愿望和勇气变成可操作的步骤并使之转化为有价值的、前所未有的物质或精神产品的能力。显然，创新意识和创新创业能力都必须要以较强的创造性思维作为基础。离开创造性思维，创新意识将成为不切实际的空谈；离开创造性思维，创新创业能力的发挥将成为徒劳无功的蛮干。因此，在创新创业教育过程中，创造性思维的激发和培育是非常重要的部分。那么，高校如何在创新创业教育过程中做到培育学生的创造性思维，为学生的创新创业能力发展提供有力保证呢？

一、创新创业教育模式——创新与创业协同互融

（一）国外高校创新创业教育模式

1. 单点聚焦

单点聚焦就是将某一个学科作为建设点，进行创新创业建设，培养目标为专业型实用人才，学生在通过全部课程的学习后，可以直接进行创新创业的实践或研究。在国外高校中，创新创业教育通常只在商学院进行，其所有环节的总负责则是学校指定的学院（通常是商学院）。学院需要设置相应的课程，并负责学生的培养，相应的，创新创业教育的培养对象只从培养学院的学生中进行筛选，筛选过程一般都比较严格。使用这一模式的代表院校是哈佛大学，其商学院就是在这一模式中培养了许多知名企业家，其优势在于精心设计的课程和强大的师资队伍，在此二者的帮助下，哈佛大学商学院才得以成功。

2. 全校培养

全校培养，顾名思义，就是面向全校招收筛选学生参与创新创业教育，

以培养创新实用型人才为目标。这一培养模式已逐渐成为国外高校创新创业教育模式的主流，主要分为磁石模式与辐射模式。

（1）磁石模式

在这一模式下，学校需要成立一个专门的管理中心，负责全校创新创业相关教学资源的管理以及调度。与单点聚焦的教育模式相同，这一中心设置的位置也是商学院，不同的是，虽然同样依靠商学院内部的师资力量，但是该管理中心招生方向为全校，只要学生能够通过筛选，就可以接受创新创业教育。例如，在麻省理工学院中，创新创业教育面向全校学生，但校内的创新创业项目都交由其商学院进行管理。

（2）辐射模式

在辐射模式中，创新创业项目不再由商学院管理，而是直接由各个院系分管，总的调度则由学校设置的对应委员会负责。在这一模式下，各个学院可以和单点聚焦培养模式一样，培养各自专业的实用型人才。实质上，辐射模式就是将单点聚焦中的商学院扩大到了其他院系，同时将原有的院系要求取消，使得学生可以选修其他专业内的创新创业课程，可以实现创新创业的多维培养。在康奈尔大学中，创新创业教育就在九个不同的院系中进行推行，取得了良好的效果。

3. 混合模式

混合模式就是前两种教育模式的有机结合，在校内同时施行两种模式。创新创业教育也被分为两个部分，一部分是以专业化创新创业人才培养为目标，类似于单点聚焦，对于学生筛选有专业限制；另一部分则类似于全校模式的培养，目的在于学生创新精神与创新创业能力的培养。

（二）我国创新创业教育模式

2002 年，教育部确立了清华大学、北京航空航天大学、中国人民大学、上海交通大学、西安交通大学、复旦大学等九所院校为我国创业教育试点院校。这些院校都先后不同程度地以各种方式展开创业教育实践，形成了开展创业教育的一些经验做法。

目前，我国不少高校开展了创业教育和研究工作，探索我国大学生创业教育的基本方法和发展模式，初步形成了一些创业教育模式，取得了一些成果。我国创业教育模式呈现出百花齐放、百家争鸣的局面。

我国创新创业教育起步较晚，高校大多采用的模式的有以下三种：

1. 校内进行教学与实践

这一模式将重点放在学生能力的培养上，创新创业教育作为学生综合素质教育的一部分，教育的目的在于学生的创新精神、创新创业能力与意识的培养，使得学生毕业后可以具备基本的创新创业能力，成为社会所需要的创新创业全面型人才。这种教育模式同时结合理论教学与课外实践，通过相关的讲座、交流以及比赛等，促进学生参与创新创业项目或成立相关校内组织。这一模式在中国人民大学中施行效果较好。

2. 创业中心模拟商业运作

与校内教学实践不同，这一模式通常需要学校成立一个专门的创新创业基地，在基地中可以模拟出一个真实的市场环境，供学生进行模拟的创业实践。这种模式重点培养学生创新创业的实践能力与实际操作技能的水平。学校还会与创投公司合作，增设创新创业教育系列课程，为学生提供创业实操培训、创业项目指导等支持。对于可行的创新创业项目，学校还会给予一定的资金支持，以增加学生对创新创业的积极性。这种模式的代表院校为北京航空航天大学。

3. 创新创业综合教育模式

这一模式就是前两种模式的综合，为上海交通大学所首创。学校一方面将创新创业教育纳入素质教育，进行全校的创新创业基础教育；另一方面，设立了一个创业中心，吸纳对于创新创业有强烈意愿且具有较强的创新创业能力的学生加入，并进行有针对性的创新创业培训，同时给予资金与政策的支持。

（三）高校创新创业教育模式的构建原则

高校创新创业教育模式在构建过程中应遵循以下四个原则：

1. 主体性原则

高校大学生的知识结构、能力水平各不相同，在开展创新创业教育中要充分了解每个学生的差异，要基于每个学生的具体诉求，制定有针对性的培养方案，避免“千人一面”，做到“一把钥匙打开一把锁”。

2. 创新性原则

相比于学校其他课程的学习，大学生创新创业教育对学生系统掌握创新创业理论，特别是将理论成功运用于实践提出了更高的要求。这就需要在进行创新创业教育时要把握创新创业教育的特质，采取针对性的创新，以创新教育推动创新创业实践。

3. 一体化原则

大学生创新创业教育必须坚持课堂内与课堂外相衔接，学校内与学校外相结合。开展创新创业教育不仅要考虑学校的教育教学改革、课外活动的开展，也要考虑国家政策、社会环境等方面的因素。

4. 市场导向性原则

创新创业教育成功与否最终都要接受市场的检验。因此在教学过程中，应积极发挥体验式教学的作用，营造尽量真实的市场体验环境。在创业实践中，应尽量为学生提供各种参与创业实践活动的机会，让学生能够接受市场的锻炼。

（四）高校创新创业教育模式的构建

1. 构建完善的创新创业管理体系

首先，成立创新创业教育工作领导小组，由学校主要领导任组长，分管校领导任副组长，教务处、科学研究处、研究生处、计划财务处、学生工作处、团委、招生就业处等相关部门参与，部门负责人为成员。领导小组负责学校创新创业教育规划的制定、教育管理与监督评估。领导小组下设创新创业教育部门，配备专职人员，负责学校创新创业教育教学活动。

其次，成立二级学院创新创业教育指导小组，由二级学院院长任组长、分管教学的院领导和分管学生工作的副书记任副组长，成员由相关学科和专业负责人组成。指导小组负责制定本学院的创新创业教育工作实施细则，认真落实学校创新创业教育计划，协同学校创新创业教育部门开展本学院创新创业教育相关工作。

最后，成立教研室创新创业教育导师队伍。根据学科特点，各专业教研室成立与专业相关的创新创业导师队伍，负责落实本专业学生创新创业教育第一课堂、第二课堂的教学工作，指导学生开展形式多样的创新创业教育训练活动等。

2. 构建融入人才培养全过程的创新创业教育体系

首先，进一步修订学校人才培养方案，将创新创业教育融入学校人才培养方案中，通过充实第一课堂，深化创新创业教育。面向全校学生实现从新生到毕业生，在通识教育以及专业教育中，逐步贯穿创新创业理念和精神。规划不同阶段学生的创新创业教育目标，在不同学年阶段，安排不同的课程，协调好理论教学和实践教学的关系，设置创新创业教育理论教学模块和实践模块的学分。积极推进各教学单位教学方法、方式改革。深入推广启发、案例、讨论及仿真教学等丰富多样的教学方法，实行多元化、多样化的学习评价和过程考核、校企双向考核方式，统筹校内培养与校外培养，学校和企业共同承担教学任务。

其次，建立完善的创新创业教育课程体系。一方面，坚持以市场为导向配置理论课程内容，模块化、体系化建设专业必修课程与选修课程；另一方面，构建以创新创业能力培养为主线的实践课程体系，培养学生的创新精神和创新能力。学生在理论课学习期间，可以自主选择一个主题和项目进行调研，撰写可行性分析报告或进行相关项目实践。考查学生运用知识分析解决问题的能力，建立健全公共必修课、选修课和课外实践指导三个层次的创新创业教育课程体系。领导、组织、协调和实施大学生创新创业教育，具体包括：落实大学生创业基础教育，组织开展创业讲座、创业技能培训等工作；制定创新创业教师引进、培养及业务培训计划；负责创业课程信息化建设；负责教材研究；负责选聘大学生创业导师专家库；负责大学生创业咨询工作；负责校友创业典型案例的搜集和宣传；成立创业教育教研室，建设创业教育专门课程群。

再次，建设专兼职相结合的高素质教师队伍。学校应该有针对性地建立一支专兼职相结合的高素质教师队伍，并不断加强完善他们的知识结构，提升他们的业务能力；鼓励教师到企业挂职锻炼，特别是到基地合作共建单位参与专项课题研究，实现产学研一体化，以提高教师的实践工作能力和业务水平；挖掘社会资源，聘任成功企业家、政府劳动保障部门负责人、职业经理人等担任学生创业导师或指导教师。逐步形成由专业教师、企业导师和创业讲师组成的创新创业教育师资队伍，为推动学校创新创业教育发展提供人力资源保障。

最后，积极开展创业指导服务工作。由创新创业教育部门负责成立一站式全日制辅导站，对大学生开展创业、就业辅导，并提供各类咨询和服务。组织创新创业专家和导师经常开展创业体验赛、大讲堂、优秀项目分析和评选等活动。邀请专家和企业家定期举办企业家论坛、创业沙龙、创业论坛等交流活动，营造创客文化，搭建大学生创业交流平台。

3. 构建立体式的创新创业教育平台

一方面，推进创新创业孵化基地建设。建设创新与创业对接，集大学生创新工场、创业培训、创业孵化、创业服务等功能为一体的大学生创新创业示范园。培育创新创业实体，扶持学生建立创业团队入驻。开展创业活，学生项目入驻。

另一方面，丰富协同育人形式。建立校校、校企、校地、校所以及国际合作的协同育人新机制，密切与地方政府、行业企业、其他高校院所的协同，积极吸引国外优质教育资源投入创新创业人才培养。推进学科专业建设与人才培养协同，以社会需求为导向，进行学科专业、创业就业的交叉培养。积极开拓多学科交叉融合培养创新创业人才途径，努力搭建跨学科、跨院系和跨专业交叉培养的创新创业人才机制，使人才的培养由原来单学科的专业朝着多学科的专业进行转变。

4. 构建务实管用的服务体系

首先，成立创新创业教育指导中心。配备专职人员，对全校的创新创业教育指导工作统一基地后，为学生创业项目提供场地、办公设备等硬件支持；设立扶持资金，加强与政府部门的合作，建立创业担保贷款服务中心，引入风险投资；在办理执照方面，提供一站式服务。

其次，加强校外创业教育实践平台建设。学校要根据创新创业人才培养要求，加强与行业、企业的合作，充分发挥行业、企业在人才培养方面的优势。加强校企协同，以校外（企业）实践基地、实习实训基地、校企共建实验室为依托，以学生到企业参与实际生产及项目开发为主，实施“双导师”制进行生产实习、企业实训及毕业设计，实现由实训实习到实践实创，提高学生的实践能力；加强校地协同，与政府合作共建产业园区，引导学校优秀大学生创业项目落户政府建设的高新技术产业集聚区、工业园区，共享园区资源，将产业园区作为学校创新创业实践基地，为师生创新创业实践项目提供生产经营软硬件设施与服务，促进学校教学科研成果产业化，为在校大学生创新创业项目提供更广阔的发展空间。

最后，开展创新创业第二课堂教育。注重搭建学生竞赛平台，学生根据自身特长或爱好，独立或在教师的指导下进行科学研究、技术开发、学科竞赛、作品创作及各类活动。依托各级各类科技创新、创意设计、创业计划等专题竞赛，将第一课堂的理论知识延展为第二课堂的技能，提升学生的创新能力与素质。以创新创业大赛为依托，开展创新创业等系列模拟实战大赛，强化创新创业实践，培养激发学生的创业实践能力，以创新引领创业，以创业带动就业。以学生社团为阵地，建立创新创业社团，发挥创新创业型学生社团，营造创新创业氛围。引领校园创新创业文化、服务学校创新创业教育中的推动作用。

二、创新创业教学方法——理论与实践协同互动

（一）多层次苏格拉底式教学法：理论与实践

1870 年，时任院长的克里斯多夫·兰德尔在哈佛大学法学院进行法学教育改革，推广所谓的“案例教学法”，也称作苏格拉底式教学法——围绕案例展开的问答式教学法。该方法在提升学生学习参与度的同时，可以激发学生的批判性思维以及增强其逻辑推理能力。对苏格拉底式教学法的批判性借鉴有利于改善我国法学教学的授课质量，帮助学生更好地掌握相关的理论和实践技能。后来，美国富布赖特访问学者艾琳·瑞恩教授对传统苏格拉底式教学法进行了改进，共同设计了“多层次苏格拉底式教学法”，并将其应用于中国课堂。

1. 苏格拉底式教学法的概念

苏格拉底式教学法强调提出问题并讨论问题，并不是由老师简单地向学生灌输知识，让他们去记忆。在教学中，司法判例是教师提问以及学生作答的主要文本基础。围绕指定文本，教师在课堂上向学生提问或点对点式地邀

请学生谈论对一些问题的看法，帮助学生观察法律现象，总结法律规则，探究解决问题的选择方案。

培养学生的实务能力是美国法学教育的重点。大部分美国法学教师在谈到自己的教学目标时，都会说他们不仅要教授学生核心法律课程的基本学说，而且要教会学生“如何像律师一样思考”。苏格拉底式教学法强调通过策略性对话，训练学生对法律实务问题的确定性，并确定特定案情所应适用的法律，根据既定事实适用法律，针对相反的主张进行辩护。教师鼓励学生考虑其他的相反意见，清楚地表达每一个可能成立的论点。因为这些意见可能会使最终的审判结果截然不同。很多时候，教师也会鼓励学生针对一些没有明确答案的问题进行辩论，以便梳理出一些相互矛盾的深层价值观念。

2. 苏格拉底式教学法的优劣势分析

（1）苏格拉底式教学法的优势

苏格拉底式教学法在一些传统教学方法效果薄弱的地方确实拥有一些显著优势。它有利于教会学生“解锁”表面答案之下的设定，梳理逻辑、证据或者偏好等问题；教会学生在面对冲突或者多元价值判断时如何予以权衡和妥协；教会学生不要满足于那些在循环论证中掩盖了价值权衡的“无据推断”或者“重复主张”。

有利于培养学生的推理能力是苏格拉底式教学法的另一个明显优势。学生们被要求不断尝试将新理论应用于旧问题，或者将传统理论应用于新问题。他们需要学会通过将当前需要处理的案例与以前的案例、规则以及理论进行类比，找出某一理论或某一观点与解决另一问题之间的协同关系。

（2）苏格拉底式教学法的劣势

苏格拉底式教学法尽管在教学上存在如前所述的诸多优势，但是受具体条件约束，传统的苏格拉底式教学法也因为存在一些缺陷而受到广泛批评。

首先，学生可能会因为在大庭广众之下分析有难度问题的失败经历而受到心理上的伤害，会使得教师与学生之间产生壁垒与隔阂，导致原本有益的课堂讨论不能进行。

其次，苏格拉底式教学法并非在各个教学阶段都是最理想的教学方法。某些知识通过讲授的形式可能会得到更好的传播——历史、技术规则或者本质上具有任意性的设计通常难以通过问答等方式推导出来。

最后，如果在课堂上只使用苏格拉底式教学法也会产生许多实际问题在培养某些技能的同时忽略了其他同等重要的技能的培养。比如，在课堂上，尤其是大型课堂，大部分学生不太可能直接参与问答。

因此，美国针对苏格拉底式教学法开始进行了各种形式的教学改革，尤其是在2007年《卡内基法学教育报告》发布之后。相关改革措施主要包括增加注重团队技能培养的课程，调整传统的苏格拉底式对话的具体讨论形式，更加支持学生探究所学内容，降低他们受到心理伤害的概率。许多院校已经开始缩小课堂规模，尽量使每一位学生都能够轻松地参与课堂讨论。我们需要将该教学方法与其他教学方法（包括点缀式讲授等）相结合，进而更加全面地提升学生的专业素养。

3. 中国语境下的多层次苏格拉底式教学法

苏格拉底式教学法虽然可以有效地使学生参与课堂讨论，促进学生学习的积极性，但是东方社会的一些文化规范有时会与其要求相冲突，限制其发挥作用。为发挥苏格拉底式教学法的优势，并使其适用于中国法学教学，我们对传统的苏格拉底式教学法的基本模式进行了改进——将全体学生分为多个互助学习小组，将一对一的问答模式改为一对多的互动模式。这种将苏格拉底式教学法由于具有多层次探究的复合式结构而被我们称为“多层次苏格拉底式教学法”。

通过运用多层次苏格拉底式教学法，并结合其他一些参与式学习训练，使我们在教学中达到了一种平衡。一方面，学生有机会进行小组学习，自由发表并分享观点；另一方面，学生又能够独立思考教师提出的问题，延续了传统苏格拉底式教学法的风格，对学生进行头脑风暴。

在中美法学教学中，多层次苏格拉底式教学法的主要优势在于促使每位学生积极参与课堂讨论。针对美国学生，它的优势是培养学生的团队精神，协同创新能力和经常被忽视的团队协作技能。

尽管多层次苏格拉底式教学法获得了初步的正向反馈，但无论是多层次苏格拉底式教学法还是中国和美国的法学教育都还有很大的提升空间，进一步进行教育改革势在必行。

（二）实践教学法

创新教育的实施离不开学校大环境的支持，构建创业教育平台和网络，营造良好的校园文化氛围对学生创新创业能力的培养十分重要。在硬件建设方面，学校的主要任务是改善教学条件，增加仪器设备，创建实践教学基地，使学生能够有实际动手操作的机会。

实践教学是培养学生动手能力和解决实际问题能力的关键，在课程体系中应该充分体现出实践教学的特点。实践教学的形式多样化，除实验教学外，还包括教学实习、农事操作、综合性实验、设计性实验等多个教学环节。专业课程的实习由原来每一门课程的分散实习改为整合实习，由专业课老师联合指导，这样有利于节约资源和优势互补，提高实习效率。

（三）嵌入式教学法

在专业课教学中贯穿创新创业教育理念，嵌入式教学是指根据学科专业特征，将创业教育嵌入日常的专业教育之中，通过二者的有机结合，实现创业教育和专业教育的培养目标。教师认真挖掘教学内容中与创新创业有关的因素，找准切入点，引导学生在学习知识的过程中根据自身生活经验对未来的创业工作进行联想与思考，找出创新点。

（四）贯穿式教学法

传统的课堂教学模式是由教师的讲授和学生的聆听完成的，学生只是继承了知识，缺少思考空间。这种教学模式弱化了学生的创新思维，不利于学生创新创业意识的形成。要把创新创业教育贯穿于课堂，就要改变这种单一的教学模式，多采用启发式、专题讨论式、调查研究式以及开放式的教学模式，注重学生的参与，体现“学生为主体、教师为引导”的教学新方式。

（五）创业技能培训——SIYB

SIYB 全称是“START&IMPROVE YOUR BUSINESS”，属于创业培训，是国际劳工组织为帮助微小企业发展，促进就业，专门研究开发的一系列培训小企业家的培训课程。它包括“产生你的企业想法”“创办你的企业”“改善你的企业”“扩大你的企业”四种培训课程。该系列培训课程专门培养潜在的和现有的小企业者，使他们有能力创办切实可行的企业，提高现有企业的生命力和盈利能力，并在此过程中为他人创造就业机会。目前，SIYB 已成为国际劳工组织的创业培训品牌，在全球 80 多个国家使用并取得了良好的效果，受到各国的普遍欢迎。

SIYB 培训经我国劳动和社会保障部引入，并于 2005 年 8 月 26 日公布了“创办你的企业”（SYB）培训的高校名单。劳动和社会保障部正在全国多座城市实施，取得了良好的效小企业发展阶段果。目前，我国已经引进了扩大 GYB、SYB、IYB 三个培训模块。通过创业培训，不仅使巩固学员的就业观念发生了转变，创办而且更激发了他们的创业意识。掌握创业技能，增强微筹备小企业抗风险能力，使学员时间在短时间内成为微型企业的老板。

（六）“二次创业”法

采用学生“二次创业”的模式降低了大学生的创业风险，强化了大学生的创新创业实践能力，增加了大学生的创新创业实战经验，提高了大学生对创新创业的信心。在该模式下，大学生毕业前和毕业后分别能通过获得学校帮助进行创业。学生首次创业为校内创业，创业学生可以向学校申请一定的创业启动资金，学校根据学生创业的实际情况给予资金支持，学校还在市场定位、法律咨询、政策援助等方面为学生提供和争取一定的帮助，与学生合作经营，共同管理企业，帮助学生快速成长，同时学校还持有学生所创企业中一定的股份，持续到学校收回之前的启动资金后才从学生所创企业中撤离。第二次创业为校外创业，创业学生必须是学校的应届毕业生且曾进行过校内创业，像校内创业那样，学生经学校考虑认可，可向学校申请到一定的创业启动资金，学校在学生创业初期为学生提供与校内创业相同的咨询和帮助，但学校不参与学生所创企业的经营管理，学校持有学生所创企业中一定的股份，一旦企业发展稳定，学校就从学生所创企业中撤离。通过“二次创业”，大学生能够获得更加丰富的创新创业实战经验，其创新创业实践能力也能获得进一步的强化，降低了其创新创业的风险。

第四节　创新意识的培养

创新能力的培养离不开创新的知识技能、创新的思维品质及创新的人格特征。创新思维是创新能力的核心因素，是创新活动的核心。开展创新训练的实质就是对创新思维的开发和引导。一个人的创新能力，特别是创新思维能力的强弱，将决定他的发展前途。

创造性思维方式是培养创新能力，进行开创性的起点。一般来说，常规思维方式是纵向、线性、收敛和刚性的思维方式，而创新思维是多向、发散性的，思维方式是辩证的。

一、培养独立意识

培养创新意识时要注意对自身独立意识的培养。培养自己独立的人格，发展独立获取知识、钻研问题的能力，不依赖别人，不盲从他人。独立意识包括两个方面的内容：一是思想方面的独立性，即独立思考和判断的能力；二是实践方面的独立性，即学习工作、社会交往等方面独立处理问题或事情的行为能力及生活上的独立自理能力。个体的创造性是在后天的实践中形成的，其发挥也受到多种因素的影响和制约，最关键的就是独立性。具备独立性并非就一定具备创造性，但没有独立性绝不可能有创造性。创造性与独立性等非智力因素比智力因素更能决定一个人的成败，在这一点上独立性比创造性更重要。培养独立意识是培养创新意识的前提。

（1）大学生要加强自身的知识储备，培养自立、自强精神。在学习过程中要开阔视野，储备知识，力求融会贯通，将所学知识转化为独立解决问题的能力。当遇到困难时，自觉地从头脑的知识储备中过滤出需要的信息，进而找到解决问题的方法和途径。还要注重对最新理论、最新技术和最新信息的了解，不断探求新的知识，努力掌握社会、文化、科技发展的新动向。自立是指立足于自身奋斗，不依赖他人，自强是指不安于现状，勤奋、独立、自主的精神状态，是一种强烈的、改变自我状态的向上驱动力。

（2）大学生要融入同辈的独立群体之中。同辈群体又称同龄群体，是由一些年龄、兴趣、爱好、态度、价值观、社会地位等方面较为接近的人所组成的一种非正式初级群体。大学生中的同辈群体交往频繁，时常聚集，彼此间有着很大的影响。大学生要充分利用同伴的影响作用，在生活和学习上多与独立性较强的同学、朋友沟通和交流，将他们的行为作为评定自己行为的参照，从同伴对自己的反应中发现自我、认识自我，进而完善自我。

二、培养独立思考的习惯

要真正实现创新，在理论和实践上获得首创和突破，就要敢于对现有研究成果产生怀疑，敢于否定和超越。巴尔扎克曾说过：“问号是开辟一切科学的钥匙。问题是时代的格言，是表现时代自己内心状态的最实际的呼声。有的大学生奉书本为神明，有问题不敢怀疑，有问题不肯思考，这都成为阻碍学生创新的屏障。

（1）大学生在学习过程中，要养成随时收集、记录生活学习过程中产生的疑问的习惯。每天抽出时间整理疑难问题，针对问题进行思考，或者请教老师和同学，并记录下来；同时还要经常给自己和别人提问题。

（2）加强学习，具备一定的知识和智力水平，掌握一定的创造性思维方法，从不同角度提出有价值的问题。要充分重视别人解决问题的方法，探讨别人处理问题的途径，善于从比较中学习，从而纠正自己的错误，发现问题的缘由。

（3）要有坚持真理、挑战权威的勇气。只要有疑问，就要敢于怀疑。有了怀疑，再去求证。即使错了，也会获得经验。在疑问的过程中，可以展开争论，激发自己的灵感，发挥集体的智慧，相互启发。

三、培养合作意识

要进行创新，光靠个人的力量很难完成，必须相互协作。合作是指两个或两个以上的个体为了实现共同目标（共同利益）而自愿地结合在一起，通过相互之间的配合和协调（包括言语和行为）而实现共同目标，最终个人利益也获得满足的一种社会交往活动。培养学生之间的合作精神，能促进大学生学习能力的提高。合作意识很难通过讲座或讨论形式得到培养。其需要通过某种活动，通过人与人交往的过程，通过共同完成任务和对各种结果经历，以及成果的分享及责任的共同承担的关系去培养。靠个人奋斗取得成功的时代已经过去了。合作和竞争并存，在竞争的基础上合作，在合作的基础上竞争，这一时代特征表象越来越明显，大学生应树立竞争意识，并将竞争纳入有序的状态和友好合作的氛围中。

四、培养风险意识

创新意识和冒险精神是创新创业的内在要求。创新是走前人没有走过的路，难免会遇到困难和挫折，创新需要有冒险精神、胆略和胆识，创业实践也要有风险意识，还要有克服困难的勇气和百折不挠的意志。大学生要敢于幻想，大胆试验，做敢作敢为、勇于创新的人。努力保持风险意识和冒险精神的平衡，保持理性思维，才能降低风险和损失。

（1）提高自身对风险的预见性及防范能力。正确认识个人成长过程中可能遇到的各种风险，如不合理饮食、缺乏运动、睡眠不足导致的“亚健康”风险，沉迷网络游戏导致的学业难以完成的风险，就业创业过程中遇到各种“陷阱”而导致的人身、财产风险等，形成正确的人生价值观和完善的人格素养。

（2）树立正确的风险意识观念。认识到对风险的解决有助于积累经验、总结不足、更好地提升自我。风险是包含积极因素的，也是机会和创新的动力。既要看到风险带来的挑战，增强对风险的预警，也要看到风险中孕育的机会和希望。树立科学的风险观，增强抵御风险的能力，减少风险带来的危害。

五、发展全面思维的品质

思维品质是人的思维的个性特征，反映了每个个体智力或思维水平的差异。

（1）发展思维的广阔性：指能全面而细致地考虑问题。考虑问题的整体和细节，考虑问题的本质和相关的其他条件。思维的广阔性以丰富的知识为依据，从事物的不同方面和不同联系上考虑问题，从而避免片面性和狭隘性。

（2）发展思维的批判性：指能使自己的思维受到已知客观事物的充分检验。思维批判性以广阔性为基础，是一种既善于从实际出发，又善于独立思考的思维品质。

（3）发展思维的深刻性：指能深入事物的本质去考虑问题。思维的深刻性是以批判性为前提的。只有通过客观事物的充分检验，丢掉不符合实际的假设，保留符合实际并能真正解决问题的假设，才能为思维的深刻性创造必要的条件。

（4）发展思维的灵活性：指一个人的思维活动能根据客观情况的变化而变化，即能根据所发现的新事实，及时修改自己原来的想法，使思维从成见和教条中解放出来。

（5）发展思维的敏捷性：指能在很快的时间内提出解决问题的正确意见。也就是说，人在解决问题时，能够当机立断，不徘徊、不犹豫。思维敏捷性是思维其他品质发展的结果，是所有优良思维品质的集中表现。

第四章　创新教育与创业教育的耦合机制

第一节　创新教育与创业教育的异同点

一、整体培养目标一致

素质教育主要是以全面培养学生为目的，重点针对学生的综合素质和创新能力培养为主线。《中共中央国务院关于深化教育改革全面推进素质教育的决定》中明确："要全面贯彻党的教育方针，就必须实施素质教育，旨在提高国民素质，培养学生的创新精神和实践能力，造就有理想、有道德、有文化、有纪律、德智体美等全面发展的社会主义事业建设者和接班人。"培养创新精神和创业能力是实施素质教育的重点，创新与创业教育所培养的人才只有具备创新精神，才能符合新世纪知识经济时代发展所需要的人才规格。

创新教育旨在提升学生的综合素质，以培养学生的创新与创业能力为基本价值取向作为依托，全面发展学生的整体素质。在教学过程中，要将第一与第二课堂结合起来，即理论教学与实践活动相结合，帮助学生选择知识和牢固地掌握理论知识，最终形成系统性的知识网络，进行创新知识体验，逐渐形成素质教育理念。创业教育是培养学生适应社会发展、市场变化而进行的教育，重点培养学生创业的独立性、择业的自律性，帮助学生利用自身现有资源开创事业。因此，培养具有创新精神和创业能力的人才，是提高我国综合国力在世界竞争中地位的必要举措，是顺应新世纪发展要求与经济发展趋势的必然选择。从创业意义上来看，创业能力的强弱直接突显出一个人的创新意识与实践能力的强弱，所以，创新创业教育的重心与目标是一致的，旨在培养学生的创新精神和实践能力，培育社会发展所需要的创新创业型人才。

二、核心内容本质相通

从内容上来讲，创新、创业是当代青年对于历史性问题的继承与发展。创新包括两个层面：一是社会价值层面，创新给人类文明带来了质的变化；二是个人层面，个人价值是体现自身创造价值的重要层面，包括个人创造的新事物、新知识、新理念、新方法等。大学生进行创新实践可以认为是大学生本身从事创新活动的基本心理形态，包括创新意识、创新思维、创新技能、创新理念四个方面。所谓创新意识，指的是在创新活动中体现出的主观意识和形态，表现为服从客观规律、侧重理性思考与问题质疑、追求个人自我超越等方面。而创新思维则侧重于创造力本身，以思维创新来带动实践创新，不断循环，思维创新包括发散式思维、想象力思维、逻辑性思维、直觉性思维等。而创新技能则体现了个人的动作行为、技巧艺术能力，如信息搜索、分析与处理能力、动手能力、操作控制能力等。创新理念是指个体在创新实践中非刻意表现出来的个性沉稳特征，如沉着稳定、勇敢坚定、好奇心强、独立自主、意志力强、乐于挑战自我、勇往直前和态度认真等。个体在品质上的差异在一定程度上会影响以后创新成就的大小。因此，创新理念的形成是创新精神培养的一个不可缺少的阶段。

将创新与创业教育四个方面的内涵进行对比，我们可以看出，创新与创业教育内容与结构之间是相互融合、相互渗透、相辅相成的。创业是创新的载体，也是其表现形式，通过两者的内容结合，形成一个相辅相成，错综复杂的辩证统一体。两者都重视对学生基本素养的教育，也都注重发展学生的创新人格、创新意识、创新精神。激发学生的创新欲望，激励学生发现问题并多角度思考问题、解决问题。目的都是培养学生的自我综合素质与终身学习能力，认为学生的学习不仅仅是为了毕业，更重要的是为自己后期发展奠定基础。通过发挥学生的主动性与潜能，形成自我内心的精神支柱与独立自主的品质，旨在促进学生终身学习与发展，促进主体性与个性相结合的自由式发展，探索教育的本质，寻求发展的本质。创新是创业的基础，通过对人才在未来创业实践中进行检测，才能够验证创新教育在实施过程中的成效。作为创新教育的载体和表现形式，创业教育的成败依托于创新教育是否扎实，创新教育更侧重于对学生的整体发展的把握，而创业教育却注重于学生自我价值的实现。两者相辅相成、相互促进，是不可分割的辩证整体。

三、功能作用效果相同

创新教育不仅是教育方法的改革、教育手段的优化和教育内容的变化，还是教育功能适应知识经济和市场经济提出来的，是对教育功能的重新定位，是带有全局性、结构性的教育革新和教育新发展，它揭示了人类的最高本质，即创造性的教育功能和价值追求。创新教育追求人格发展的和谐性与特异性相统一，高度重视学生思维中的独创性，鼓励他们自主选择、奋发建构、努力塑造智商情商和谐共融的、完美健全的理想化人格，最终成为能够征服自然、改造世界的人才。

创业教育着手于使教育能够更好地适应社会、经济、文化的发展，从而改变以前教育脱离实际、社会、市场、经济发展的情况。让教育更加有目的性、针对性，贴近现实、社会、市场、经济的发展，拓展学生的就业前景，让学生的个性得到充分展示，使得学生在以后的人生发展中更加完美。创新教育的根基在于实践性，创业教育其根本内容决定了创业教育的接受者的创业心理素质和个人品行。

在当今知识经济快速发展的环境下，科学综合与行业综合发展已成为时代的发展潮流和趋势。在教育方面表现为教育的学科交叉性、知识课程的融合性。不管是创新教育还是创业教育，其教育都是综合性、交叉性的。包括教学内容、教学方法以及学生的综合能力、教师的知识传授等。无论是创新教育还是创业教育，都是群体与个人创造能力的培养和创造活动的开展，其目的就是为国家牟利，为未来人类的发展而服务。两种教育都有各自的现实意义，反映出教育对社会和经济不断发展的抉择和适应，也就意味着将抛弃以前以升学为目的的教育行为，这也是当前高校教育要面向现代化、面向世界、面向未来发展的趋势。创新教育更加注重基础教育在此基础上进一步深化和改革，明确教育的指向以及对时代的需求。而创业教育又进一步把创业融入教育需求中，注重对教育方向的总体把握，重点在于如何实现人的自我价值。

诸如在美国，创新教育强调学校在培养学生全面发展的同时，应更注重开发学生的个性、原创精神和创新能力。在英国，创新教育在采导师制的模式下，十分重视培养学生的自学能力、动手操作能力和创新能力，而这些能力恰恰也是创业所需要的。

四、差异性

创新教育与创业教育都是顺应时代要求而产生的，二者比较后，我们不难发现，它们在宏观价值追求上具有一致性，在内容与最终目标上具有相似或相同性，是相互融合、相辅相成的。但两者培养的方法和要求各有不同。因此，并不能取而代之。

按照国家关于人才培养的要求来看，创新教育更加侧重于对人潜能的挖掘和培养，而创业教育侧重于对个人价值的培养。创业教育将成为教育发展的“第三本教育护照”，其指向更加精确，内容更加丰富和具体，也是创新教育的进一步拓展。创新教育的培养目标可以概括为“创造性和创造力”。创造性指的是创新精神、创业意识和创造性人格。创造力指创造性思维、创造性知识和创造性能力。而创业教育主要是通过对人的创新精神和能力进行培养作为价值取向的教育方针路线。创业教育之本是“成物成己”。“成物”是创造新事物、创建新企业；“成己”则是完善自己、丰富自我。

创业教育可以培育创新意识、训练创新思维。创新思维不是机械地按照过去的经验或规范准则思考问题，而是根据变化了的情况和面临的新问题，突破常规思维的局限，去寻找与众不同的、富有新意的解决问题的思维办法。创业教育是提升大学生创新意识、训练创新思维的有效途径。创业教育让学生了解什么是创业、怎样创业，指引他们进行创业意义理解、成果认可、实例分析，激发学生浓厚的创业爱好和兴趣，启迪学生的创新意识，训练学生的创新思维，培养学生的创新精神。

换言之，创业教育不是要求学生直接从事创业活动，而是要求学生在大学阶段通过接受创业教育，了解创业的基本规律和路径，为未来的职业选择或创业活动准备必要的知识、素质和能力，尤其是创新式思维能力。

如今，作为创新教育的载体及表现形式，创业教育依旧需要建立在学生的基本素质培养上。在知识经济快速发展与全球化的今天，我国的高等教育已经逐渐进入大众化普及阶段，高校仅仅注重对学生的创新教育显然是不够的，一旦脱离创业元素，创新精神和创新能力将失去其本身意义和价值。对此，高校应该顺应时代的发展需求，把创业教育当作创新教育的一个推广和取向转变，将创业元素融入创新教育当中，实现学生从“就业”到“创业”的良好转型，培养出真正能够适应时代发展、具有创新能力的高素质人才。

从功能体现上来看，创业教育不能替代创新教育，但从传统教育方式到素质教育模式的发展上来看，我们可以发现，大学为社会服务的使命感在增强，文化传承到文化创新的转变力度在加大，高校更加重视开创型人才的培养。值得关注的是，创业教育不仅是一种理念，还是素质教育与创新教育走向实践的载体。

从实现途径上来看，创新教育是一种新的教育思想和教育观念，而不是一门具体的学科课程或具体方法，它贯穿于学校教育教学活动的全过程。大学的创新教育是通过学校的各种活动实现的，是与专业教育协同进行并寓于专业教育之中的，强调基础性的知识和技能训练，需要具体的人才培养模式和实践平台得以实现，有着更高的起点和追求。它融合了人文与科学，体现了大学的学术性特点，为学生提供科学素养、人文素养所需的丰富的文化底蕴。

创业教育则有其独特的课程内容体系，学科更多涉及的是应用学科，包括创业意识类、创业个性类、创业能力类、创业知识类。课程实现也有多种，如学科课程、活动课程、环境课程、创业实践课程等。从具体的教育教学内容来看，主要有以下区别：

第一，创新与创业意识的培养。创新意识作为在教育过程中的个体参与创新活动的主观意愿和态度取向，侧重于挖掘知识的发展前景，通过对学生的创新欲望进行培养，使其心理品质有所提升，乐于质疑、敢于追求、善于思考，尊重客观规律等。在创业意识中，通过创业实践活动来对人的个性化行为进行一定的心理取向。对于学生提出要求、动力、想法和世界观等进行逐一的、有针对性的考虑，最终制定出多样化的培养方案。

第二，创新与创业思维的培养。对学生的形象思维能力和逻辑思维能力进行综合培养，拓展其思维空间，心理学上认为，创新是一种创新式形象思维，而创业是一种创新式逻辑思维，更侧重于逆向思维。每个人思维不同，主要看他的思维能力是如何培养的。

第三，创新和创业精神的培养。创新是人们在已有的知识积累上对知识进行的进一步扩展和延伸，从而衍生出新的知识。创新更注重于对学生的好奇心和探索精神的培养。而创业则为勇于冒险、不怕困难、迎难而上、上下求索等进取精神。

第四，创新与创业能力的培养。创新能力主要是对人的行为、动作等的反映，它属于一种创新的工作机制。如对信息的获取、加工、分析、存储、处理等能力。创业能力则偏重于除了就业以外的其他自寻出路的能力，这种能力通过与市场行为之间的融合，明确创业方向，努力实现创业目标的综合能力。创业能力不仅需要自身的智力，而且更加注重自身的综合素质和能力，包括专业技能、经验、管理技能、沟通技能、逻辑分析技能、解决问题的能力、信息处理能力、机遇获取和把握的能力等。

第五，创新与创业品质的培养。创新品质指个体在参与创新活动时所表现出来的个性稳定的心理素质培养学生的独立、勇敢、怀疑等良好的个人修养与品行。创业品质是创业者在创业过程中，对其心理和行为进行适当调节而表现出来的个性化心理特征。它和每个人的性格、气质有着非常密切的关系，从而培养出学生的独立自主、勇于冒险、坚韧不拔、适应能力强、善于律己、善于合作的能力。它反映了创业者的组织能力和对问题处理的驾驭能力。

总而言之，创业是以创新为基础的，同时也是创新的载体和内在表现。不同之处在于，前者注重对自我价值的最终实现，而后者注重对人的综合发展，两者相互制约、相互促进，最终形成一个不可分割的辩证统一体。

第二节　创新教育和创业教育耦合的条件

耦合是借用物理学的名词指两个或两个以上的系统或两种运动方式之间，通过各种相互作用而彼此联系起来的产生一种一定功能或功用的现象，其实质是系统之间及其运动方式之间的共生互动，具有联结、配合的含义。结构决定功能和非加和性是系统科学的基本原理。两个系统耦合后，其特性、功能和过程并不是其组成要素的性质、功能和过程的简单相加，而是构成系统的任何部分都不具有的。耦合系统的整体功能远远超过每个部分的单独效应。创新创业教育这两种教育体系间也存在着特定的联系，因而可以通过建立"耦合"构建创新创业教育体系，并以此来实现耦合的效应。具体来说，虽然我国创新创业教育起步较晚，但却是在我国高等教育由精英教育向大众教育转化过程中，同时面临教育和社会的双重压力下的理性选择，创新与创业教育二者的耦合受到其内在及外在两方面因素的影响。

一、创新教育与创业教育耦合的内在驱动因子分析

如果将各类观点加以总结的话，笔者认为，创业与创新的集成融合关系主要体现在：创新是创业的源泉，是创业的本质。创业者在创业过程中需要具有持续旺盛的创新精神和创新意识，才可能产生富有创意的想法或方案，才可能不断寻求新的思路、新的方法、新的模式、新的出路，最终获得创业成功。创新的价值就在于将潜在的知识技术和市场机会转化为现实生产力，实现社会财富增长，造福人类社会。而实现这种转化的根本途径就是创业，创业者可能不是创新者或发明家，但必须具有能发现潜在商业机会并敢于冒险的特质。创新者也并不一定是创业者或企业家，但科技创新成果则必须经由创业者推向市场，使其潜在价值市场化，创新成果才能转化为现实生产力。创业推动并深化创新，创业可以推动新发明新产品或新服务的不断涌现，创造出新的市场需求，从而进一步推动和深化科技创新，提高企业或是

整个国家的创新能力，推动经济增长。

（一）创业教育必须以创新教育为基础

创新是人类社会发展的根本动力，没有教育领域内的创新，就难以有人类社会的发展。创新教育是知识经济时代的内在要求，在经济全球化背景下，“中国高等教育必须顺应国际市场的需求，面向世界、面向未来，培养与国际接轨的人才，培养具有创新精神的人才。具有强烈的创新意识，丰富卓越的创新能力”。创业教育的本质和核心是创新教育，是实施创新教育的一个关键突破口，是创新教育的进一步具体化和深化，目的是培养大学生的创新精神和创新能力，是素质教育顺应时代要求的更高层次的定位。

目前，我国比较缺乏促进创新人才成长的机制，大学制度化现象较为严重，目前流行的科技成果评价机制和评价体系，已经造成了严重的重数量轻质量的倾向，导致了相当普遍的学术浮躁心态；用人制度上的一系列限制也导致一些科技人才的作用得不到充分发挥，创造性受到压制。创新教育是创业教育的基础与起点，创业教育在一定意义上是创新教育的逻辑延伸。创新教育的质量在很大程度上决定了创业教育的质量。总之，创新教育具有十分重要的地位和至关重要的价值，它是创业教育的基础，甚至可以说是创业教育的生命。

（二）创新教育必须以创业教育为最终的实现形式

创业教育的实施，十分的重要，尤其是在推动我国经济发展以及保持社会稳定方面。创业教育主要是通过创业的教学方式与实践的过程，以此来激发大学生的创业意识、创新意识、创业思维，从而养成创新人格，并在此基础上，不断锻炼大学生的创新能力、创业技能，以实际的创业为出发点，以达到创新教育的目标，它是一种更高层次的素质教育。而且，它直接反映的是经济社会发展的要求，它的成功实践对大学生群体转变就业观念比较有利，以创业的形式来提高社会就业率，减轻政府压力，从而为社会的稳定做出贡献。创新教育体现了一系列的观念、思想和制度，是一种崭新的教育模式。对创新教育而言，更具直接相关性的还是创业教育和社会的整体发展。可以说，创新教育的质量的衡量还是要依靠创业教育，创业教育的质量越高，创新教育的质量就越好。

首先，对大学生来说，创业是一个“从无到有”或“从未接触过”的事物，是一个创新过程。其中，可以包含创新一个企业、创新一种产品、创新一个管理模式等，创业活动中充满了创新因素。其次，创业教育激发起大学生的创业热情。围绕创业活动，学生进行一系列设计与创造，从而培养大学生发现问题、解决问题的能力，培养了大学生的创新思维与开拓精神。再次，创业活动是一个品质培养过程。通过创办企业的实践，锻炼了大学生的勤奋、诚信的品质和坚毅、果敢的毅力，提升了大学生自主、自信的信念，增强了实践能力。因此，综合创业教育对学生的意识、能力、素质的培养，创业教育正是创新教育的一个全过程。

创业教育是紧密结合素质教育和创新教育对创业型人才培养的活动，从另一个角度反映了人的进一步全面发展。创业教育和创新与实践紧密相连，对其实践性和体验性来看，仅靠课堂创业理论的传授、企业家专题讲座中创业意识的激发还不够，主要是要学生在实践中获得比较真实的体验。因此，学校应主动为学生提供其创业过程中所需要的条件，积极引导。同时，加强校企之间的合作，与企事业单位共建创业教育实践基地、实习基地、课外创新创业基地，搭建学生创业平台，举办创业竞赛活动，积极组建创业团队，推广创新性试验计划，开展虚拟创业活动，并不断培养学生创新创业思维、学生创业能力，积极推动创业教育深入开展，并最终达到实现学生开创性人格形成的目的。

（三）对于当下中国社会而言，创业教育比创新教育更重要、更迫切

近年来，高校招生的规模不断扩张，再加上全球金融形势变化使大学生就业难的问题日益突出。从世界范围看我国创业教育的发展状况，相对于欧美国家而言，我国创业教育发展起步晚，质量低，观念滞后。与创业教育发达的美国相比，我国大学生的学籍管理体制有所不同，主要实行的是管理型与封闭型的管理。而且，在创业层次和领域上也有所不同。此外，在政府或国家对大学生创业者的关怀、扶持方式上也有很大区别。这些因素直接决定了我国大学生创业教育的现状。实践证明，我国大学生创业教育普及程度很低，这也说明了我们必须发展创业教育。

我们发现，尽管创新教育与创业教育有着各自明确的边界，互不等同，但二者并非相互独立或对立，而是有着不可分的内在联系，两者的交集表现为相互交叉，渗透与集成融合。在信息化经济全球化大环境中，这种融合更多地表现为一种动态融合，即伴随着研究型大学整个教育体系的过程和方方面面，在这一过程中，创新精神、创业能力和创新意识的培养始终是创新创业教育体系成功的内在动力。

二者内在的辩证关系为其耦合提供了有力的驱动力，从目前我国的教育体系现状来说，其本身存在的各种现实问题和发展需要也促使创新教育与创业教育体系二者有效联合。

具体表述如下：一是教育定位不当，创新教育与创业教育学科地位边缘化，人才培养目标、教学模式及对象不确定。二是仍然存在着专业设置方面不够宽，课程体系化的程度不高，内容不鲜活，而且，教学方式过于呆板，实践性不强等问题。三是缺乏具有自主创新能力的拔尖人才，而且，人才开发和选拔的机制不够健全，科技成果转化率比较低。

四是研究型大学内部缺乏创新氛围以及创新机制，在外部，更多地主要是依附于政治和经济，缺乏批判和启蒙功能。五是基本教学单位的创新创业教学资源缺乏整合。创新创业教师队伍分散，师资之外的教学资源也缺少有效整合利用。六是支撑教学的创新创业学术研究有待系统化和深化。创新教育目前主要侧重于研究创新的激励机制、复杂技术与产品创新、新兴技术管理模仿与自主创新、创新联盟、创新战略等。但是，在企业创新体系、创新流程管理等方面还需要不断完善。

而创业教育，则主要侧重于研究创业活动的筹划、投资者与创业者的信任关系、新创企业的治理结构、投资者的项目与团队选择、连锁经营机制等。此外，还要加深在社会创业体系、新创企业成长管理、创业流程管理等方面的研究。

二、创新教育与创业教育耦合的外在促进因素分析

在这两者的耦合方面，政府的高度重视是一个促进方式。在教育部的推动下，不少学校的创新创业教育也有了计划性，制定了相关制度和书面手册

规范指引。当前由于我国的产业结构不断调整，经济发展方式也在发生转变，这些变化都使得创新精神的科技人才和创业人才的需求加大，更多的创新机会和自主创业的舞台也应运而生。大学生从择业到创业，既是我国就业形势的必然趋势，也是我国经济增长的新亮点。我国深圳发展的实践、北京中关村、苏州工业园等地的创业实践和探索，都证实了创业对国家经济发展的推动作用，都为创新与创业教育的耦合提供了可靠的现实依据。目前，我国大学生自主创业的人数不到毕业生总数的1%，这说明我国创新与创业教育的耦合还存在诸多问题。

首先，高校还没有形成全方位、多角度和社会性的创新与创业教育氛围。社会、高校、家庭及其个人对创新与创业缺乏了解，而且意识比较淡薄，没办法认识到创新与创业教育的重要性与必要性。对于那些已经存在的创新与创业教育，他们的教学目标比较模糊，有的只是功利性色彩，主张创新与创业教育只是针对那些创新能力较强而且想创业的学生所进行的一些创业技能培训。相反，缺乏创新能力的学生不需要进行创新与创业教育。甚至整个社会认为创新与创业就是“做生意”“不务正业”，没什么出息。这些认识上的偏差严重打击了教师教学以及学生创新与创业的积极性，也严重阻碍了创新与创业教育的开展。到目前为止，创新与创业教育课程还没有在某些应用型本科院校里面开设，还仅停留在指导学生进行创业计划和就业方面，而且绝大多数教师在教授实践课时缺乏理论指导，主要依靠自学或者经验进行教学。

此外，有的院校虽然开设了相关课程，但也仅为一两门课程，缺乏对创新与创业学习意义的认识。更为严重的是，大部分教师缺乏创新与创业的实战经验，教学主要以书本为主，效果很差，很难提高学生的创新与创业素质，根本无法在社会上、校园内形成浓郁的创新与创业氛围。

从创新教育与创业教育的受众群体来说，其也需要建立二者的耦合教育体系。与通常的学习活动相比，创业教育对大学生来说，从理念的建立、计划的设计，到开展创业活动都是全新的。大学生在接受创业教育的过程中，经历了一个全新的创业观念建立与实践活动的过程。所以说，通过创业教育的过程培养大学生的创新素质。

在大学开设创业教育，对于绝大多数的大学生来说，并不是直接指导他们开展创办企业活动，更重要的是激发他们的创业意识和兴趣，在创业教育的过程中逐步培养起大学生的创新意识、思维、方法和能力。创业教育的直接成果是大学生自主创业成功，大学毕业生直接进入自主创业行列，直接推动国家经济的发展。如果是高科技的创新则直接推动国家的技术创新。然而，参与创业活动需要有独立性、开拓性的素质。综上所述，创新和创业的核心都是创造，创业本身就是创新，创业教育是实现创新教育的很好方法，在本质上是激发人的创造性。

21 世纪是创新、创业的时代，中国要实现建设创新型国家的宏伟目标，彻底解决大学生就业难的现实问题，就需要依靠大学培养具有创新精神和创业能力的新时代优秀大学生。此外，国家中长期教育改革和发展规划纲要也对此提出了明确的要求，提出要进一步加强创新办学体制、人才培养体制以及教育管理体制，加大力度培养创新型、实用型、复合型人才。据清华大学中国创业研究中心 2007 年完成的中国创业观察报告显示，中国创业活动已经由“生存型”创业向“机会型”创业发展。大学生是“机会型”创业的主力军，能够推动科技创新及加速科技成果的生产力转化，并以大学生创业带动大学生就业。因此，我国的大学要重视大学生创新创业教育的耦合，作为外部力量的政府应营造有利于创新创业的环境并加大对大学生创新创业的扶持力度，有效地催生一批科技含量较高的中小企业，更好地为经济和社会发展服务。

第三节　大学生创新教育与创业教育耦合的实践路径

根据以上分析及总结，可知创业教育的兴起为创新教育的深入开展注入了强劲动力，在大学的教育体系中，围绕创业实践通过多项途径使创新教育有机地融入创业素质的要求，形成独特的耦合功能和体系，构建创新创业教育体系是实施素质教育的有效模式。目前创新创业教育的耦合将主要侧重于体系化的构建，目标是培养创新型应用人才，通过转变传统教育观念，对原有培养目标、专业和课程设置、课程内容、培养渠道和方法等进行检讨和修正，加入创新创业的思想和理念，注重对学生创新创业能力的培养，通过对培养体系的重构，以形成以创新创业教育价值为基本指导思想的新的培养体系，让学生在学习知识的同时，掌握运用并创新知识的技能和激情。

我国现有的创新教育与创业教育耦合成果如下：

第一，开设的课程初成系列。目前开设的课程主要还是围绕着创新创业理论、实务、实践这三方面，如清华大学为 MBA 开设创新创业方向，设有创业与企业家精神、创业投资等八门课程。同时为全校本科生开设了创业及创新管理等课程。哈尔滨工程大学开设有创业理论、创业实务和创业实践课。此外，西南科技大学开设了创新教育与实践、创造性思维及训练选修课、创新设计选修课等。

第二，教学方法日渐完善。不少学校采取了很多种创新性的教学方法，比如说教师讲授、师生互动、案例讨论、角色模拟、组织大赛、基地见习等。

第三，教学项目日益成熟。一些学校的教学项目日益成熟，设立了专门的创新创业教学项目，并建立了相关的实践教学机构及创业者协会。如安徽工业大学开办了“创新能力试点班”。

第四，教材建设初具水平和规模。据相关资料表明，创业类教材有 102 种，而创新类教材也有 237 种，在稿源方面更是涉及了国外的研究，2003 年前引进、翻译得比较多，此后国内编写较多。

一般来说，系统耦合的放大效应与系统组合结构密切相关，通常是系统结构组合的质量越好，系统耦合的放大效应就越明显，对系统整体功能的发挥和表现也就越充分。否则，系统耦合不会产生放大效应。然而，目前我国的创新创业教育的整合还存在很多问题，对大学而言，培养知识创新、技术创新的创业型人才是其构建的基本定位，而大学创新创业教育耦合体系的构建将是一个任重而道远的研究课题。

创新教育与创业教育的耦合具有自发性、阶段性等特点。自发性是指二者的耦合发展是由两大教育体系之间及其内部之间的相互作用而实现的，是两种教育模式在发展中自发形成的。创新创业教育的耦合呈现出不同的特点和强度。

大学的创新教育与创业教育耦合机制的实践路径就是充分实现两者有机结合，最终达到“一体两翼”的模式。具体来看，是一种兼顾创新教育和创业教育并以创业教育为重点，以创新能力的培养为关键，以创业的实践模式探索为途径，注重培养受教育者的创新能力、创新意识、创新思维，为受教育者创业奠定良好基础，提升其综合素质的新型教育思想、观念、模式。按照整体论、系统论将二者整合起来，再建构一个新形势下广义的创新创业教育体系，实现“1 +1 >2”的教育实效。

高校的创新人才培养过程实际上是高校、大学生、社会三方需求的叠加过程。在当前高校人才培养模式中建立和完善创新与创业教育的良性循环模型。有效地调节这三方的主体需求，形成学校、学生、用人单位互助互利、资源共享的良性耦合，可以提升当前大学创新创业教育体系的整体水平，优化教育体系中主体需求结构，从而提高人才培养的有效性、适应性。这是一个融合渗透、合作互惠的持续过程。通过对三方面的需求情况分析，我们不难发现，其中任何一方主体的需求均需要其他两方的配合与协调。高等教育主要起到一种纽带和缓冲的作用，这种作用体现在社会和受教育者之间。基于此，以高校为核心，同时满足高校、学生、社会三方需求的大学创新教育与创业教育耦合体系。

一、创新创业教育主体层面的耦合分析

（一）大学、社会企业、学生的创新、创业耦合机制

大学必须针对社会当前和长远的经济、政治和文化等发展战略目标，提出包括专业、类型、层次、规模等在内的创新创业型人才培养的具体要求。明确办学目标，以思想政治教育、素质教育、专业教育为依托，明确具体的服务面向和实际的社会功利目标。及时准确地向学生反映、传达社会的创新创业需求变化，完善人才市场供求信息发布制度，定期发布高等院校毕业生需求预测报告。大学还要不断提升学生管理水平，了解学生自身对创新创业教育的需求，不断满足学生自我身心发展的需要。

(二) 学生、大学、社会企业的创新、创业耦合机制

该耦合机制的核心部分主要是大学生，也是最主要的受教育者，它要求学生在完成学校教学目标的基础上，抓住机会，提升创新创业素质。同时，它也要求学生在校期间积极参加社会的创新实践，深入了解社会，并充分认识自己，从社会学习处世之道，做到有效地将自己所学的创新创业知识转化为社会财富。

(三) 社会企业、大学、学生的创新、创业耦合机制

实际上，在该耦合体系中有两个社会责任：第一个责任，及时地反馈各种创新创业型人才需求给大学，便于大学顺利地调整创新创业教育的计划。第二个责任，为学生提供各种社会实践职位，提高他们将理论知识与工作实践相结合的能力。一般来说，提高实践能力，是培养学生创新精神、创新能力的重要方式和途径，可以激发学习热情，巩固所学的专业知识，为大学毕业生创业增加奠定基础。

二、创新创业教育体系层面的耦合分析

(一) 教育目标层面：注重融合，形成一体化

创新是研究的主要动力来源，因而大学的职责应重在培养学生的创新创业能力，把创业思想纳入创新教育的培养体系，以培养学生的创新意识、创业技能等。将创新创业理念相融合，纳入学校课堂教学、教育管理中去，实现全过程教育、全方位教育，并逐步达到教育育人、管理育人、服务育人的目的。在此基础上，形成第一课堂与第二课堂、理论教育与实践体悟、显性课程与隐性课程、校园教育与社会教育、自我教育与榜样教育等紧密结合的教育机制，并建立健全的调研、检查、考核、监督、评估、反馈等工作机制，逐步形成一体化的创新创业教育机制。

(二) 课程教学层面：注重渗透，形成层次化

作为创新创业教育的主渠道，课堂教学要把创新创业教育纳入其专业理论课教学计划中分步分层面来实施，并不断改革创新。首先，要从原先的专业理论课堂教学中分出一定课时来进行创新创业知识技能的专题讲授。其

次，根据学生不同层次及专业的需求，开设大学生创新创业教育公共选修课程。最后，条件相对成熟的大学还可以设置一些创新创业教育的必修课程，并且组织相关专家学者和教师编写创新创业书籍为教材让每个在校学生都能有机会系统学习创新创业教育理论知识。从教学内容的角度来看，则要注意针对性、现实性、可学性和时代性，能够使学生通过系统学习后，树立起创新思维，增强创业意识。同时还能学到创新创业技能。除了传统的课堂教育，还需不断创新教学方式，积极拓展“第二课堂”，通过将学科专业教学、创新创业教育理论教学与实践活动等有机结合，让学生更多地接触、了解和掌握创新创业的相关知识和技能。

（三）社会实践层面：注重熏陶，形成长效化

社会在本质上是实践的。因此，创新创业教育的耦合要充分利用课外活动、参观学习、社会实践活动等载体，大力开展形式多样，寓教于乐的创业活动，帮助大学生建立创新思维，培养创业意识，并将其转化为实际行动。新形势下，大学生成长过程既具有普遍性的发展问题又带有个体性的差异，因此，还要注重创新、创业教育耦合的层次性。对于一般的学生，可以通过开展普通的创新创业讲座、辅导与训练，如素质拓展性训练、创业案例分析、创业基地参观实习等来进行。对于某些创新思维很灵活的学生，则要根据其个性特点，加强创新创业锻炼，给予更多的创新创业机会，如创业大赛等，甚至制定专门的创新创业教育方案。进行二者的耦合，不能忽视大学自身的丰富资源和有效载体，要充分发挥各级组织、院校及学生团体组织的优势资源，同时有针对性地挖掘“围墙”外的创新创业教育基地等活动载体，让大学生身临其境，注重在真实实践中体悟，在具体典型的创业案例中使创新创业素质得到提升。

（四）校园文化层面：注重引领，形成统一性

大学生在一个特定的文化氛围中活动时，会受到这种特定群体在意识上的一些熏陶以及影响，并且在社会化过程中形成一种文化意识和文化品格。因此，大学应该把创新创业教育耦合后的文化建设纳入校园文化建设，并将创新创业教育作为主要内容，根据大学生的身心发展以及成长成才的规律，

组织多种有关创新创业教育活动，营造一个良好的创新创业校园文化氛围。利用和发挥好各种宣传媒体资源（学校广播台、电视、校刊、校报、宣传橱窗、黑板报）的优势，大力传播创新创业文化。开展创新创业教育与服务，并强化具有创业意愿的大学生的参与意识。校园文化建设方面，更加注重提炼、升华大学精神，提倡创新，用大学精神凝聚人心，形成统一。

因此，必须与时俱进，不断开拓创新，构建创新与创业教育的耦合机制，将整个时代、社会、生活以及大学生的实际情况紧密结合起来，注重建设实效以及机制的长效，并不断推动新时期大学创新创业教育的科学化水平。同时，大学的创新与创业教育的耦合机制的建设，有一个特殊的时代背景，即多元化的知识经济时代，并在这个时代下加以解读与建构，找到问题的根本。同时，在整个大学生的发展过程中加以研究，找到有效的方法、途径，通过加强对全体教育工作者的激励，使其达到预期的目标。

第五章　高职院校创业教育内部支持体系构建

第一节　内部支持体系的内涵

一、支持体系

支持或支撑在《柯林斯词典》中，被定义为：一种可以通过承受或给予或加强力量等方式来帮助、辅助事务发展的行为及过程，而支持体系则被定义为所有物质与精神支持的集合系统。

“支持”在心理学、社会学理论中被定义为：来自他人的一般性或特定的支持性行为，这种行为可以提高该受体的社会适应性，使其免受不利环境的伤害，支持区分为情感导向的支持、社会资源整合及信息网络平台构建的支持、社会认可性及自尊满足性支持、物质性支持等。此外，对支持体系中被支持者而言，其对于支持者提供的资源具有选择性，因此，支持体系也被认为是一个充斥着各种以被支持者的需求为导向建立起来的“资源池”，受助者通过提取资源池中的资源来获得成长。

总的来说，支撑体系是为受支持者提供各类所需资源的网络，帮助受支持者成长，具备资源流动性、降低不确定性等特征。

二、创业教育内部支持体系

本书所指的创业教育内部支持体系，是从学校内部影响创业教育实施效果的要素（重要的子体系）入手，运用整体性、系统性的思维模式，以改善创业教育的实际效果、提升学生的创业素养及能力为目标，全面整合、协调校内创业教育各要素（重要的子体系），从而构建保障创业教育有效开展的内部支持体系，最终实现创业教育的重重落地。

笔者认为，高职院校开展创业教育需要五个要素，即人才培养体系、创业教育组织、师资培养体系、文化环境及孵化服务等在内的校心教育体系作为基础，进而搭建校内创业教育支持体系，通过该内部支持体系中五要素间的相互配合，实现对创业教育的体系化支持，帮助高职院校创业教育实现制度化，提高创业教育的实效性，避免创业教育流于形式、支离破碎。

三、创业教育内部支持体系五要素

（一）创业教育培养体系

实现创业教育的关键，不在于学生有无创造潜力，而在于高等教育是否具有创造性，在于高职院校的教师、科研与管理人员是否有创造性思维，能否为学生的创造活动提供精神土壤，这就需要完善创业教育的培养体系。学校创业教育人才培养体系包括四个方面：目标体系、内容体系、课程体系与方法体系。其中创业教育目标体系是人才培养体系构建的蓝本和引航灯，而创业教育课程体系则是人才培养体系的基石，本书对人才培养体系的分析和构建将围绕目标体系和课程体系为中心进行。

（二）创业教育组织

高职院校创业教育组织是拥有共同的教育目标、一定的组织结构、明确的内部规范，通过对开展创业教育活动的具体执行部门和相关职能部门进行统筹管理，以实现创业教育目标、培养创业教育人才的组织。笔者对创业教育组织的研究主要涉及组织的运行模式、特点及现状。

（三）创业教育师资培养体系

创业师资是执行教学任务、实现教育目标的群体，师资队伍的建设直接关系到创业教育的实际效果。创业师资主要包括理论专家、技术专家、政府人员、企业家、孵化管理者、风险投资人等，而创业师资队伍的建设就是通过对教师资源的管理及组织，实现创业教育效果最大化的过程。

（四）孵化服务

创业项目的孵化是创业教育实践学习阶段的核心内容，是对理论教育的升华和运用。在整个创业教育支持体系中，孵化服务可以被看作是一个商业支持过程，它通过为创业者提供免费的创业场地、融资渠道、优惠政策、技术服务及信息网络平台等，来降低初创企业在创业初期的失败率，尽量帮助大学生规避初创企业的风险，帮助其更快、更好地实现与社会的对接。

（五）创业文化环境

文化是群体的内在价值观及校内行为的表现，是集体性思维模式的展现。创业文化是指与社会创业有关的意识形态、文化氛围，其中包括人们在追求财富、创造价值、促进生产力发展的过程中所形成的思想观念、价值体系和心理意识，主导着人们的思维方式和行为方式。营造良好的创业文化氛围，可以有效地提升资源分配的效率和合理性，可以促使企业持续成长，可以激发群体敢于冒险、勇于创新、包容失败的精神。

第二节　构建完善的创业人才培养目标体系

一、高职院校创业人才培养目标

高职院校创业人才培养目标就是要使大学生拥有创业意识、创业能力和心理品质等创业基本素质，明确这一目标，可以保证高职院校创业人才培养始终朝着既定目标发展。按照培养目的的不同，可以将创业人才培养目标分为共性目标和个性目标。

（一）共性目标

第一，培养创业意识。积极引导学生转变就业观念，培养创新意识和创新精神，使学生意识到自主创业是社会进步、自身生存及自我价值实现的需要，是更高层面上的就业，此外还应加强对学校迎战风险、知识更新、资源整合、战略策划和信息资源开发等意识的培养。

第二，健全创业心理品质。主要从六个方面健全学生的创业心理品质。一是确立诚信理念，诚信是做人的第一品质，无诚信不能创造财富；二是积极的处事态度，正确的行为方式，严谨的工作作风；三是坚定的成功理念；四是强烈的社会责任感，积极的竞争意识、竞争精神；五是坚韧不拔的毅力，做事果断坚决，适应性强；六是能够承受压力、挫折，善于控制自己的情绪。

第三，丰富创业综合知识。创业知识涉及面广泛，包括工商、管理、金融、财税、法律、公关等相关知识。还应加强对创业方法的指导，教会学生设计创业方案，掌握创业所需的一般方法等。

第四，提高创业能力。创业能力是创业者必须具备的基本素质。一般包括专业能力、经营管理能力和综合能力。专业能力是创业基础，包括专业基本能力和专业创新能力。经营管理能力是创业的关键，包括分析判断、决策、管理、理财的能力。社会综合能力是创业的保证，主要包括公关、适应力、团队协作力以及企业家的素质等。

（二）个性目标

针对不同年级的大学生来说，创业教育目标的培养内容各有侧重点。对于大学一年级的创业教育主要目标是培养学生的创业意识。使他们端正创业态度，树立正确的价值观，进而明确创业的目的和意义。大学二年级的主要目标是进行创业知识储备和创业心理训练。鼓励学生学习并熟练掌握专业知识技能，为创业打下坚实的基础。大学三年级的主要目标是培养学生掌握有效的创业方法。大学四年级的主要目标是锻炼学生的创业能力。

二、完善创业人才培养目标体系

实践证明，最能直接影响校内支持体系运行方向、运行效能、运行质量的因素，来自创业教育培养体系的内部，即创业人才培养的“目标定位”。

许多学校或组织都在创业教育人才培养目标选择与定位时存在着不同程

度的问题，如果将类似问题加以归总不难发现，它们不仅存在于教育教学中，还存在于创业教育人才培养的全过程。因为，关于创业人才培养的目标定位，虽然本身并不直接体现为校内支持体系，但作为这一体系的核心必然间接地体现在一切与此相关的要素之中。从某种意义上讲，一个学校、一个组织对于创业人才培养目标定位的考虑，也是对其价值判断选择、制度的顶层设计以及运作能力的考验。

鉴于人才培养目标定位问题如此至关重要，因此，任何一所高职院校在全面思考高职院校学校创业教育校内支持体系建设时，都有必要优先讨论人才培养的目标定位问题，真正实现“纲举目张”。

同时，在思考人才培养的目标定位时，应当坚持如下原则：

首先，同一性与差异性相结合的原则。既然创业教育是相关要素协同作用的结果，那么，就必然要求各相关要素务必在同一目标引领下有机运行，也只有这样，才能真正做到齐心协力，校内支持体系的运行才能最有效。与此同时，由于培养对象存在着个体的差异性，这种差异性不仅体现在能力、性格上，还体现在不同的心理诉求中，这就势必要求学校在人才培养过程中应当坚持因材施教，在总体目标的引领下，兼顾学校的个体需求。

其次，短期目标与长远目标相结合。教育是有规律的，人的成长、人才的培育同样是有规律的。高职院校的创业教育应当充分体现终身教育的价值取向，全面关心学生的发展性需求，着眼于学生的未来。当然，千里之行，始于足下，创业教育还应当积极引导学生脚踏实地，立足当下。只有将短期目标与长远目标相结合，才能真正引导学生处理好“当下”与“未来”的相互关系，才能确保校内支持体系的有效运行。

第三节　推进创业教育课程体系及服务体系建设

一、改革创业教育课程体系

在创业教育的持续推进中一直存在着一个难点问题，这就是创业教育课程体系的改革与建设问题。高职院校教育体系的核心是课程，人才培养目标的实现也离不开课程。但目前的问题是，一方面创业课程与其他专业课程难以真正融合，教学组织往往存在“两张皮”现象；另一方面创业课程也未能得到应有的重视，大多只是列为通识课程、基础性课程。此外，在组织开展创业实践课程时，多数情况下只是少数“精英者”参与。这样，严格意义上的创业课程最终只能是面向少数人的教育，大多数学生接受的只能是浮于表层的“创业理论教育”。鉴于这些问题的存在，高职院校应当紧紧围绕创业教育人才培养的目标定位，明确创业人才的核心能力需求，以培养学生的创业意识、提升学生的创业能力为目的，积极进行创业课程体系及课程教育活动的改革。

第一，将创业教育的课程全面纳入各专业人才培养方案中去，这是创业教育与专业教育融合的前提。只有将创业教育的课程内容有机融入专业教育过程之中，才能使学生在本专业学习中，持续强化创业意识，提升学生的创业兴趣。

第二，以培养复合型人才为目标，努力实现专业教育与创业教育的联动。创新创业教育本身培养的就是一种复合型人才，将专业教育与创业教育有机融合，恰恰最有利于复合型人才的培养。因此，两者的融合应当贯穿人才培养的全过程，课程的改革也应当渗入理论教学与实践教学的各个领域，包括基础课程、拓展课程、活动课程、实践课程等。

第三，基于创业教育也是一种普适教育的理想预期，学校应当在创业课程体系建设中，充分满足多元化的需求，增强学生自主学习的选择性，既保证多数学生对于创业教育的基本需求，又能够让部分学生接受更具挑战性、实战性的创业教育内容，强化实战能力，提升创业力。

第四，高度重视创业教育活动课程、实践课程的建设。当然，受师资条件所限，这也成为创业教育课程体系建设中尤其困难之处。内容丰富且有针对性的活动课程、以真实项目为基础的实践课程，最能帮助学生强化对创业知识、技能的理解。

第五，将创业意识与能力纳入人才培养质量的评价体系中去，可以更有效地促进创业教育与专业教育的有机融合，引导各教学单位及广大教师对创业课程或创业教学内容的高度重视，进一步提升创业教育的教学质量。

二、推进创业教育服务体系建设

从宏观上讲，创业教育的服务体系应当覆盖创业人才培养的全过程、全领域，包括创业教育、政策保障、资金帮助、孵化服务等。从微观上讲，创业教育的服务体系则主要表现为创业教育进入实践层面后的创业孵化服务（这里主要讨论的是后者）。

应当从以下几个方面入手，推进高职院校创业教育服务体系的建设：

第一，高职院校举办的创业孵化器，应当充分发挥高职院校办学的优势，坚定不移地走校企合作的路子，积极吸引更多的企业管理者或企业专家，参与孵化器的管理以及对学生创业活动的指导。

第二，学校应当努力打通学习（研究）成果——孵化器——企业——市场的通道，引导并帮助更多的学生参与产品或技术的开发与转化，帮助学生解决这一过程中遇到的专业性难题，助推学生的创业活动。

第三，应当建立科学规范的评价机制，通过聘请第三方（企业或社会机构）专家，共同组织对学生在孵化器上的创业活动进行阶段性的评价，不仅可以发现并解决存在的问题、面临的困难，同时也是入住或退出孵化器的一种有效的资源管理措施。

第四，积极组建创业教育的培训机构，可以由学校自行组建，也可以通过与社会相关机构或企业共同组建，整合各方面的培训资源，为学生的创业活动提供最及时的、全方位的服务，帮助学生提升创业能力。

第四节　建构高职院校学生创业心理扶持体系

结合高职院校大学生的创业心理素质的现状及高职院校目前创业心理扶持工作中呈现的问题，研究从创业课程建设、创业心理咨询机构建设、校园创业文化建设以及微载体互动平台建设四个维度开展高职院校大学生创业心理扶持体系的具体构建。

创业心理教育课程将有针对性地向高职院校大学生普及创业心理知识及进行创业心理素质训练，在一定程度上能提升学生在创业活动中的自我效能感，该部分建设主要从师资的培养、教育对象的选择以及课程开设模式三个方面进行。

创业心理咨询机构建设将有助于学校及时发现并解决学生因创业问题而引发的心理冲突，有利于提升学生的创业心理健康水平。相关建设主要包括专业创业心理咨询及朋辈创业心理咨询，通过这两方面工作的结合全方位解决学生在创业前、创业中以及创业后内心产生的不同程度的心理冲突。

一、创业心理教育课程建设

创业心理教育课程是高职院校大学生创业心理扶持体系建构的基础，学习创业心理教育课程可以让学生获得较丰富的创业的相关知识，是学生开展创业的前提，为学生成功创业提高有效的保障。学校通过创业心理教育课程提升学生的耐挫力，正确看待并面对创业过程中的挫折，对创业过程中可能产生的艰辛和困难有正确的认知，了解并认识创业过程中存在的风险，以保障创业的成功概率和绩效。学生通过掌握有关创业心理相关的理论知识，有利于学生在心理层面更深入地了解大学生创业过程中可能存在的心理冲突，也有利于学生在创业过程中进行自我心理教育，并发挥学生的自主性。创业心理教育课程包括课堂教学与实践活动课程，而理论与实践课程的建设皆与师资培养、教育对象的选择、课程开设模式等方面密不可分。

（一）师资的培养

雄厚的师资是开设高质量创业心理教育课程的关键，其课程分为学科课程及活动课程，学生通过学习学科课程掌握相关理论知识，在活动课程中体验、实践及升华理论知识，二者不可分割。教师需要在已有的教学观基础上适当融入“创业观”，这要求教师解放思想、创新实践，点燃大学生的创业激情、树立正确的创业意识以及端正创业态度，在培养学生创业能力的基础上，有机融入爱国主义、集体主义以及心理健康教育，帮助学生不断地提升创业心理素质。

目前，对于全国高职院校而言，创业教育只是进入起步阶段，需要不断地探索和创新。高职院校可以通过培养现有的教师队伍，使其成为专业的教师，同时聘用专业的兼职和全职教师。学校可以通过鼓励现有教师团队积极参加 KAB 师资培训、YBC 师资培训、SIYB 师资培训以及 DMC 创业指导师培训，争取在培训阶段取得相关的资格证书。兼职教师则可以聘用一些具有创业实战经验或者优秀企业家来担任主讲教师，同时兼职教师队伍也可以引入经济管理专家、政府部门官员以及工程技术专业等人才，以案例分析、专题讲座、模拟实战、创业论坛等多种形式向学生呈现创业相关知识，让学生对创业有更深入的了解，这样一旦学生开始创业便会更有自信，有助于提高创业的成功率，有利于增强自我效能感。

（二）教育对象的选择

教育对象的选择是保障创业心理教育课程建设和实施效果的关键。参加创业心理教育课程的学生除了需要以一定程度的兴趣为基础，还需对创业具备基本的了解及适合参与创业的人格特质，该特质表现为敢于创新和冒险、积极主动、沉着冷静、独立果断等。基于不同的高职院校在创业教育课程建设方面存在不同程度的差异，选择的对象可以采取以“心理测评为主，自我评估为辅”或以“自我评估为主，心理测评为辅”的方式进行选择。自我评估与心理测评的结合既体现了学生的自主性，也体现了授课对象选择的科学性，精准地选择创业心理教育课程的授课对象，为创业心理教育课程的投课质量及高效性提供了保障。

“自我评估为主，心理测评为辅”的选择模式更适用于创业教育课程已经建设得比较成熟的院校。创业教育课程主要涉及创业相关的基本理论知识，学习该课程后可以对“大学生创业”形成一定的了解，并形成自己的“大学生创业”认知与情感。学生结合自身对“创业”的兴趣，首先进行自我评估，对于自我评估表现积极的学生，学校可以进一步结合心理测评软件对这部分学生的人格特质进行测试，测试量表可以选用 16PF 测试量表，通过内向和外向性格、自我控制程度及环境适应性三个维度来测评其人格特质是否符合创业人格特质的需要，从而最终确定该课程的授课对象。

“心理测评为主，自我评估为辅”的选择方式则更适用于创业教育课程建设还不成熟的高职院校。因为学生接触的创业知识少，平时生活中可能极少了解大学生创业相关的信息，因此对大学生创业还欠缺较理性的认识。这种情况需要学校首先采取心理测评的方式缩小授课对象的范围，然后再在这个范围内让学生以对创业的了解和兴趣为基础进行自主评估选择，从而筛选出更适宜参与创业心理教育课程学习的学生。

（三）课程的开设模式

创业心理教育课程旨在通过创业心理知识的普及以及活动课程的体验加深，提升学生在创业过程中的耐挫力，形成正确的创业认知，同时提高学生的创业心理素质。创业心理教育课程的开设模式包括创业心理教育课程的目的、性质、开设时间等，是创业心理教育课程能够顺利开展的落脚点。

结合国内外已有的相关研究成果、学生的创业心理素质现状以及高职院校的课程开设情况，创业心理教育课程适合以选修课的形式呈现给学生。国外院校更多的是将创业心理部分融入创业教育课程体系中，赛义德等的研究表明，创业教育课程作为选修课能显著提高学生的创业倾向，但是作为必修课时效果并不显著。结合学生的创业动机现状，虽然部分学生为了创造财富或者实现自我价值有创业的动机，但仍有不少学生在衣食无忧的生活状态下还未萌发创业的想法。人的需求在人对客观事物的情感中起中介作用，对于有创业激情和需求的大学生而言，通过课程教育能对大学生创业产生正面、积极的情感体验；面对于缺乏创业激情和需求的大学生，则会产生消极、反感、负面的情感体验。因此，以学生自身的需求为出发点，采取选修课的形式呈现，不但体现学生的自主性，也有利于为学校减少不必要的资源浪费，同时对该课程的质量也有一定的保障作用。

根据调查结果显示，已调查的高职院校三个年级中，三年级的学生创业心理素质水平表现最高，二年级学生的创业心理素质水平最低。出现该调查结果的原因可能与其中两所商职院校在大二时开设 SYB 或者创业教育课程有关，该类课程内容虽然不是专门针对学生的创业心理，但是其内容中也有部分章节及内容涉及学生创业心理知识，在掌握这些基础知识的基础上，学生对于大学生创业活动的自我效能感也能得到提升，显然创业心理素质也能得到相应提升。大部分高职院校学生因为自身储备知识薄弱，经过一年专业课的学习之后开始产生力不从心，甚至出现倦怠感，从而降低自我效能感。

进入大二开始出现思想松懈、情绪情感体验消极，而大学生创业需要自身有充足的自信迎接任何高强度的挑战。因此，大二的学生容易出现低创业的心理素质。所以，创业心理教育课程可以考虑从大二学生开始开设，一方面学习学科理论知识，一方面参与活动课程进行实践，以此来提高大二学生的创业心理素质。

二、创业心理咨询体系建设

在国家高度提倡和重视大学生创业的背景下，高职院校大学生因自身的学历不足等因素成为大学生创业的主力军。在创业教育体系不断探索、创新及完善的过程中，创业心理咨询体系也在不断发展与完善。创业心理咨询体系的建设包括专业的创业心理咨询建设以及朋辈心理咨询建设。专业的创业心理咨询主要指由专业的心理咨询教师对学生由创业问题所引发的心理冲突进行心理咨询。朋辈创业心理咨询主要由年龄相仿的学生或朋友对因创业问题产生心理冲突的学生给予安慰、心理开导以及提供相应的帮助与支持。将专业的创业心理咨询与朋辈心理咨询紧密配合，能有效地将创业心理扶持体系渗透到学生生活的方方面面。

（一）专业创业心理咨询建设

目前，几乎所有高职院校都建设有大学生心理健康咨询中心，并由专业的心理咨询老师负责解决学生在校期间所遇到的心理冲突，让大学生以更健康、更乐观的心态面对大学的生活与学习。随着高职院校大学生创业逐渐升温，加之国家政策的鼓励，参与创业中的学生人数逐渐增多，而该类学生在真正面对创业这一实际问题时，也会受多方面因素的影响而产生心理冲突，甚至也会影响到学生的学习与生活。目前，虽然不少学生已经有创业的想法或者已经参与到创业的活动中，可是在从计划到实施创业的过程中，不少学生也面临着非常大的压力。例如，在学习时间有限的情况下，专业学习与创业之间如何平衡；自己很想通过创业来实现自己的价值，但是又担心创业失败；创业过程中失败了，学习也受到了影响，该如何继续学习或者面对家人及老师等一系列问题引发的心理冲突，如不及时疏导可能严重影响学生的学习与生活。

创业心理类问题严格讲也属于大学生心理健康咨询的范畴，但鉴于该类心理冲突是由“大学生创业”这样一种典型而具体的事情所引发，结合高职院校大学生积极的创业现状，该类院校有必要对中心的心理咨询教师团队进行拓展培养，如鼓励心理教师进行创业学、SIYB等课程的学习，也可邀请有创业经验的企业家、教师及相关人员就大学生创业问题展开深入交流，让高职院校心理咨询团队对大学生创业的现状与进展有更深入和更详细的认识。当学生遇到这类心理冲突时，教师能够结合自己对大学生创业情况的了解，更好地在心理咨询过程中与来访者产生共情，真正走入学生内心深处，用专业的技术及方法解决该类心理冲突。

以上对策是结合目前高职院校创业人数还较少的情况下可考虑的方式，鉴于创业教育以及大学生创业是未来教育改革发展的必然趋势，随着大学生创业队伍的蓬勃发展，创业人数不断增多的情况下，学校也可以考虑在大学生心理健康中心成立专门的创业心理咨询工作团队来帮助这部分学生解决一般心理冲突以及开展危机干预工作。

（二）朋辈创业心理辅导建设

朋辈心理辅导于20世纪60年代起源于美国，我国为缓解高职院校心理咨询的压力于20世纪80年代中期开始积极探索其理论及应用。朋辈主要指年纪相仿的朋友或同辈，朋辈心理辅导是指经过一定短期训练的非专业人员，对周围需要帮助的大学生给予的心理咨询与辅导。由于现实大学生活中，不少学生愿意将自己的心事及困扰向周边的同龄人诉说，使得“朋辈”的辅导与安慰的效果在某种程度上优于教师与家长的辅导。因此，朋辈创业心理辅导是专业创业心理咨询的重要辅助与补充，朋辈创业心理辅导是创业心理咨询体系的一个重要但又非专业的分支。朋辈创业心理辅导的建设包括辅导队伍的规划、选拔、培训等。

朋辈创业心理辅导更贴合学生的心理需求及生活，可采取宿舍、班级、系部三级建设方案。即每个班级安排2名宿舍创业心理辅导员，男生宿舍1名，女生宿舍1名；每个班级安排1名创业心理辅导员；每个系部安排1名创业心理辅导员。

工作流程主要是当一级创业心理辅导员发现周边有因创业问题而困扰的

朋友及同学时及时帮助该部分同学进行简单心理疏导并向上一级心理辅导员汇报，最后由系部创业心理辅导员汇总相关信息送到学院心理健康咨询中心。对于已经出现严重心理冲突并且朋辈心理辅导无法达到理想效果的情况，系部创业心理辅导员应及时向心理健康咨询中心专业的心理咨询老师反映，并劝导该学生进行专业的创业心理咨询，帮助其早日恢复健康的心理状态。

优秀的朋辈创业心理辅导员的选拔是高效朋辈创业心理辅导建设的前提。优秀的朋辈创业心理辅导员应心理健康、人格健全、热情耐心、工作认真负责、诚实可信、宽容接纳、合群以及热爱心理健康教育工作。因此，学校可以设立大学生心理健康中心，主要职责是推广和宣传创业心理相关知识，招募工作人员的过程中要详细地介绍朋辈创业心理辅导员的主要工作职责、工作方式以及培训计划等。选拔第一步应采取自愿报名或同学推荐两种方式进行，对于积极报名的同学给予鼓励与支持。第二步采取淘汰制确定人员名单，结合学生在培训过程中的表现、基础心理咨询知识以及创业心理相关知识的考核。

朋辈创业心理辅导员的培养是朋辈创业心理辅导建设的核心。相关的培养方式及培训课程主要由大学生心理健康咨询中心的专业心理咨询教师承担。培训内容主要包括心理健康咨询、创业心理相关等基础知识。培训考核除了相关基本理论知识外，还包括考核个人的综合素质等，以确保择优录取，为后续工作打下良好基础。

三、微载体互动平台建设

微载体互动平台建设是创业心理扶持体系建设的必然趋势，是对课堂教学的补充。国务院在发布《关于积极推进“互联网+”行动的指导意见》（国发〔2015〕40号）中强调，互联网与各领域融合发展具有无限潜力，并具有不可阻挡的趋势。在大众创新、万众创业的时代氛围下，加快推进“互联网+”与创业心理教育的融合，既符合时代发展的需求，贴近学生的生活习惯，更有利于拓展创业心理教育平台。载体主要是指能承载物质或者传递能量的物质，笔者所指微载体主要是指将微信、微博等新媒体视为载体，微载体必须具备的条件是能承载创业心理健康教育的主客体通过这一载体发生互动，该载体必须能被创业心理教育的主体运用及控制。高职院校可以创建学校的公开微博以及微信公众号进行创业心理健康的宣传与指导，运用微载体学校相关人员可以通过发布并快速更新与创业心理健康或创业知识相关的实时内容，引发学生的兴趣，也可以通过微载体的社交功能进行单个学生或团体学生的疑惑进行辅导工作，但这样的工作方式对相关工作人员也有一定的要求。因此，微载体互动平台建设包括师资培养、微载体互动平台的内容建设、线上和线下教育方式的有机结合等。

（一）微载体互动平台的师资培养

虽然微载体为创业心理健康教育拓宽了渠道，但是微时代也对教师的素质提出了新的要求。以往研究发现，不少教师在使用新媒体技术上仍有待加强，如打字慢、新媒体功能使用不全等。其实除了微信、微博这些软件使用技术需要提升之外，网络教育技巧、网络学生咨询技巧、网络团体辅导技巧等综合技能更应引起重视。运用微载体进行咨询或者辅导时需要运用网络环境下交流与咨询的技巧，若在此过程中仍然采用“说教式”进行咨询或辅导，并没有利用微载体平台的优势，也并没有让学生全身心地投入，容易让学生反感，反而效果不佳。由此可知，微载体交流与咨询的技巧对于相关咨询教师同样重要，定期开展相关培训能有效地提高教师的微载体咨询技能。相比于传统教学，学生通过微载体进行交流的主要优势在于既能体现双方的平等性及也能体现学生的自主性。

（二）微载体互动平台的内容建设

虽然现阶段我国大学生创业心理教育相关教材极少，但教师在教学的过程中也可以发挥网络平台的优势，收集大学生创业政策以及相关新闻等内容作为课程延伸。网络信息的即时性、内容的丰富性当然更能吸引学生，这样的内容更能激发学生对于创业的兴趣，满足其精神需求，所以充实微载体创业心理健康相关内容显得十分关键。内容本身须符合创业心理健康教育的目标，内容需要有一定的方向性；所选择内容应尽量能引导学生思考，并有兴趣在论坛发起讨论，或者留言等；相关内容应及时更新，保证内容的多样性，吸引更多的大学生参与其中；也可以是链接本校或者其他高职院校做得比较好的心理健康网站或大学生创业网站，促进各种新媒体的融合，利用微载体平台实现一定程度上的资源共享，在内容上满足学生的需求。

（三）线上与线下教育方式结合

在高职院校大学生创业队伍日益壮大的背景下，采取线上与线下的方式为学生解决因创业问题产生的心理冲突是非常必要的。学生运用微载体公共平台可以用匿名的方式寻求帮助，能有效弥补部分学生不愿展示自己内心真实想法的不足，同时这个新颖的方式也能让学生在讨论问题、咨询问题的过程中不受时间与空间的限制，更多地体现了学生的自主性。线上有专门的教育工作者将学生的留言、评论或者自我表露中有异常情况的问题进行分类。例如，可以考虑分为如下几类：创业前期的心理冲突、创业过程中产生的心理冲突以及创业失败产生的心理危机等。教师利用微载体的社交功能对有相关问题的学生有针对性地进行个别或者团体辅导，甚至因创业失败而产生心理危机的学生采取线上和线下的方式进行及时干预。线下创业心理教育教师可加大宣传校园微载体的公共平台，尽可能多地吸引学生主动添加关注，但不可强制学生关注，主要以引导为主。日常教学中教师对于班级中需要进行个别教育或辅导的同学，可以多鼓励其在微平台上进行咨询，这样的方式既有利于学生毫不遮掩地进行自我表露，也有助于专业教师能有效地针对不同问题开展具体工作并解除学生的疑虑。

第六章　高职院校创新创业教育教学质量监控体系研究

第一节　高职院校创新创业教育教学质量监控体系存在的问题

就大学组织而言，教学质量监控包括外部监控和内部监控两个层面。外部监控是指国家和地方政府、社会对大学教学质量的监控，内部监控即大学教学质量自我监控，是大学组织按照自己的标准自觉地对教学质量进行监控。一般而言，高职院校与其他高校一样，内部监控是教育教学监控的主体。在内部监控方面，学校领导组织研究和解决教学工作中的重大问题，全面负责教学质量监控工作。教务处、有关职能部门制定规章制度并实施质量控制，组织开展教学检查，集中进行信息收集、分析和结果处理。教学督导专家随机听课，定期组织教学检查评估。二级学院（系）负责贯彻落实规章制度和质量标准，开展本单位教学检查、信息收集与反馈，按照学校的反馈信息组织整改。学生信息组采集、整理和反馈教学信息。目前，国家层面正在积极推动高校内部质量保障体系建设，内部监控也越来越受到重视。但由于固有观念的束缚和路径依赖，质量监控仍没有跳出原有质量管理的框架，真正有利于大学组织健康发展的内部教学质量监控体系尚不成熟，迫切需要在观念更新、模式构建、策略实施上取得突破。作为高等教育的重要组成部分的高职院校，经过多年的改革与发展，近年来逐步在教学质量监控上取得了一定的成绩，外部教学质量监控主要是政府部门主导的，比如各省级部门针对高职院校筹建时开展的合格评估，2006 年教育部组织的人才培养工作优秀评估，2008 年启动的国家示范性高等职业院校建设，2010 年启动实施的国家骨干高等职业院校建设等，由各省级教育主管部门组织的省级示范院校建设、优质学校建设及各类型的重点专业、特色专业、优势专业评估等单项评估。行业组织主导的外部教学质量监控，比如中国教育国际交流协会组织开展的中外合作办学质量认证，也是高职教育在中外合作办学领域开展第三方质量认证的重要突破。在创新创业教育领域，鉴于该项工作实施得比较晚，一般都是先有专业建设、课程改革，待到学校发展到一定阶段，方开始谋划推进创新创业教育。目前高职院校创新教育教学质量管理存在的主要问题如下。

一、创新创业教育教学的外部质量监控尚未独立进行

提高教学质量的真正动力源自大学组织对高质量教育的追求。要形成这种追求，关键在于大学组织质量建设主体意识的强化。因此，在质量监控观念更新上，首要的任务是实现由“外控为主”到“内控为主”的转变。长期以来，由于机制体制的原因，我国高职院校的教学质量监控一贯以政府主导的外部监控为主。片面的外部监控，由于难以顾及诸多组织的差异，导致质量标准同一、监控模式单一，遏制了高职院校个性的发展，难以从根本上提高办学质量。目前，高职院校创新创业教育的外部质量监控基本上都是依附对院校总体办学质量情况的评价。

二、创新创业教育教学的内部质量监控需要逐步完善

内部监控是以“本土化”的质量标准为监控依据，以组织和组织内部成员对质量建设的高度自觉为基础，充分尊重专业的特殊性与多样性，能有效地促进学生个性、特色的发展。在内部教育教学质量监控上，高职院校基本上沿用常规的质量监控手段，将教学过程分解，对教学准备、课堂组织、教学内容、教学办法、教学手段、课外辅导、教学效果，以及教学评价等方面，提出了明确的质量要求和检查评价标准；提出学业考核质量标准，规定

学生创业考核的种类和方式、考试命题、试卷审查和制作、阅卷和成绩评定等方面的标准与要求，明确毕业设计和成绩评定的要求与标准。大多数高职院校有针对性地开展了各个层面的信息交流与反馈，广泛收集教学信息：学校领导、有关职能部门和二级学院（系）领导坚持学期初、学期中和学期末的常规性听课，并根据教学工作需要进行随机性听课，及时发现和解决教学工作中的问题，提高了教学决策的针对性和科学性。组织督导专家对各主要教学环节进行督导检查，对教学工作进行诊断和专项检查评价。一些学校通过完善常规检查制度，在学期初，召开学期教学工作会议，检查教学工作安排和教学准备情况；学期中，检查教学工作计划和学期授课计划执行情况；学期末，召开教学工作会议，总结学期教学工作，布置考试工作，加强考试过程中的巡视检查等。但综合来看，常规性的教育教学质量监控并不能适应创新创业教育的需要，创新创业教育有其自身发展的需要，有其自身发展的规律和特点，学生的创新创业教育过程与其接受专业课程的理论教学、实训实习均有很大的不同，在时间、空间和活动的对象、方式方法等多方面均有自身的特点和个性，因此，高职院校的创新创业教育教学的内部质量监控需要逐步完善。

三、创新创业教育教学的全面质量管理基本流于形式

质量不是靠检查出来的，而是生产创造出来的。大学组织的“生产一线”就是教学，对教学一线的质量监控，必须充分发挥一线教师与学生的主体作用。同时，随着大学内部管理体制改革的深化，以管理重心下移为主旨的学院制改革取得进展。因此，大学内部质量监控的重心在教学基层，需要构建与之相适应的监控模式。实践证明，构建以学校主导、创业教育学院为主、全员参与的全面教学质量监控模式是一种有益的尝试。全面质量管理，是一个组织基于质量管理的变革愿景，虽然产生于企业管理实践，但非常切合大学人才培养活动的实际，具有很强的适应性，在大学质量管理实践中得到了广泛应用。具体到教学质量监控工作，要特别强调过程监控，因为教学质量在很大程度上形成于人才培养的全过程，如果某个环节达不到质量标准，质量链条就会断裂，整体质量就得不到保证。同时，全员参与是基

础，没有这个基础，一切都是空中楼阁。要通过质量文化建设，催生质量意识，内化为自觉行为，筑牢全员参与的思想基础。在全面教育质量监控模式下，学校倾力于教学质量标准建设和目标管理，创业教育学院倾力于具体教学活动的监控和管理，师生员工能自觉评价和调整自己在工作或学习中的行为，从而实现质量监控主体和客体的统一，使内部质量监控的各种力量形成合力。该模式在操作层面可以通过实施校内创业教育学院教学工作评价制度来实现。校内创业教育学院教学工作评价的重点是创业教育学院与各二级学院的教学工作和管理工作，目的在于客观评价各学院的教学工作，准确诊断工作中存在的问题，激发师生质量意识，实现教学质量稳步提升。目前，大多数高职院校的创新创业教育虽然强调了全员全过程育人，有些院校也制定一些制度，鼓励教职工支持创新创业教育的开展，但总体上来看，高职院校尚未牢固树立全面质量管理的理念，创业教育学院基本上是单打独斗、独立支撑，少数几个职能部门如团委等因业务重叠关系有互相配合的状态存在，由于机构设置的职能分布不同，创业教育学院大多游离于二级学院之外，与其他二级学院之间的关系仅为战略合作者，并非联盟关系，各二级学院对创业教育学院在师资、生源、优秀生评选等方面基本上都是出于应付状态，造成全面质量管理基本上还处于形式上、口号上，实质性的动作并不多见。

第二节　高职院校创新创业教育教学质量监控体系构建

一、全面质量管理理论的内涵与发展

全面质量管理的理论由美国学者费根堡姆在 1961 年首次提出。全面质量管理理论相对于传统的品质管理理论有了很大的进步，充分考虑到产品在设计、生产、销售等环节一体化和链式发展的特点。这个定义强调了三方面内容：首先，“全面”是对于宾主双方要充分认清创业教育开展的“统计”而言。全面对于市场而言就是要取得客户的信任和依赖，符合客户的期望

值。要达到这样的目的，组织必须动员所有成员，群策群力去解决问题。其次，“全面”对于生产而言，商品的出厂需要经历原料采购、流水线作业制造、品检、包装、物流等一系列步骤，这些步骤相互制衡、缺一不可，且每个步骤都决定着商品质量的好坏。最后，质量应当是“最经济的水平”与“充分满足顾客要求”的完整统一。

高职院校把质量管理纳入教育教学管理中，在创新创业教育教学实行全面质量管理的思想，就是将全面质量管理理论与创新创业理论相融合，将创新创业教育体系中的各个组成部分相互衔接、相互制衡、相互协同，实现创新创业人才培养的诸要素与质量上乘、人才优异的目标同向而行。将各环节的资源统筹运用，运用系统思维整合和排列与质量建设相对应的创新创业教育行为，引导创新创业教育组织和个体，按照全面质量管理系统的既定要求，规规矩矩地开展创新创业教育和创新创业行为，最终实现各个单元均衡、各个组织满意的人才培养目标。

全员是指高职院校的所有教职员工，不仅仅是专任教师或是从事创新创业教育的教师和管理人员。全面质量管理中的全员要求学校的各级领导要率先树立质量管理观念，带头践行质量管理行为，带头贯彻质量管理制度和质量管理手册，带头创新创业教育行为。各个部门、各个基层组织都必须在创新创业教育质量建设中发挥积极作用。每个教职员工都要发挥主人翁精神，立足学校创新创业教育实际，参与质量建设，严格遵守规章制度，自觉完成上级布置的质量管理任务，真正达到全员育人的最佳状态。

全过程是指高校创新创业人才培养质量贯穿于人才培养的整个过程，从学生入学前到进入学生创业园实践或到企业顶岗实习阶段，再到毕业离校、用人单位信息反馈等。人才培养过程中的任何一个环节，都是全过程质量管理的要素，这些质量要素都会直接影响到创新创业教育教学整体质量的提高。

全方位是指从创新创业教育教学内容和课程体系到教学方法、教学手段，从教学基本建设到教学工作评价，从管理队伍建设到管理组织建设和管理制度建设，从校园文化到教学环节等方面的管理，创新创业教育教学质量的全方位性是教育教学质量全员管理、全过程管理的内在要求。

全面质量管理观点在世界范围内得到了广泛的认同。但各个国家在实践中都结合自己的实际进行了创新。特别是 20 世纪 90 年代后期以来，全面质量管理成为一种综合的、全面的经营管理方式和理念，在教育管理领域得到了广泛的应用。刘福银应用全面质量管理观来审视高等学校的人才培养质量和对大学生实施的全面素质教育，提出了全面教学质量管理的基本思路和运用 TQM 理论评价高校人才培养质量与全面素质教育的方法。李均宏将全面质量管理理论引入图书馆管理工作中，提出了图书馆全面质量管理方法、要素和实现路径。雷丽虹详细阐释了全面质量管理理论的内涵要义，并就全面质量管理的理论和方法对于提高高职教育的质量提出了实施建议。刘萍将全面质量观念引入到高校教学管理当中，并运用全员、全过程和全方位的理念构建了教育质量管理的运行体系。孙琰认为准确地在职业教育中运用全面质量管理理论的管理方式以适应需求多元化的社会环境是高职教育在新时期大发展的必要条件。成华将全面质量管理理论引入到大学生党建工作中，整合“专兼结合”的学生党建工作队伍，建立完善的分层培养教育制度，健全全方位、全过程的质量监控指标与信息反馈体系。

二、高职院校创新创业教育教学质量监控的基本元素构想

质量监控的主要元素在国内的研究中基本形成了比较一致的方向，他们认为应对学校定位、人才培养目标、人才培养方案、教学设施设备、教学团队状态、学生素质、校园文化、教学管理等元素进行系统监测。一些学者认为信息收集对于创新创业教育质量的提升具有一定的促进作用，高职院校目前督导专家队伍建设（如建立校院二级督导体系，组织安排资深教师定期检查课程授课计划、人才培养方案、教学大纲，随堂听课，指导青年教师参加教学比赛等任务，并对课程教学进行专家会诊，研究提升教学质量的方案和路径）。与师生面对面交流，听取师生对于创新创业教育的意见和建议，尤其是对于学生反映的意见和建议，这些意见和建议都是来自第一线的最真实的反映，是从不同角度解释创新创业教育过程中的问题，高职院校必须高度重视，尽力解决这些问题，使得信息收集、整理、反馈机制通畅，有利于

形成高质量的建设闭路机制。问卷调查也是了解创新创业教育质量的关键手段之一，问卷调查可以避免师生群体不愿意表达真实想法的现状和问题，会收集更为深入的问题，使得问题产生的根源、解决的办法都更加科学、直接、真实、有效。鉴于上述分析和研究，本书根据创新创业教育的现实状态和发展规律，将质量监控的要素分为培养目标、组织机构、师资队伍、信息反馈和条件保障五个方面的基本元素。培养目标主要聚焦学校在政策等方向的重视程度，以及人才培养的规格是否符合区域经济社会发展的需要等；组织机构是指是否建立了高效的管理机构，负责部署和执行各项质量监控措施；师资队伍是指高职院校从事创新创业教育教学任务的教师和管理人员的工作能力是否满足学生成长成才的需要，师资队伍的培养和考核机制是否健全；信息反馈主要考察创新创业教育教学效果在不同群体中的反应，注重信息渠道是否通畅，反馈的信息是否具有真实性和及时性；条件保障主要考量制度、硬件设施设备、软件配置等保障创新创业教育教学质量的实施情况，涉及制度的制定机制、完善教育教学保障机制、激励机制等，考察措施是否有力，效果是否突出等。高职院校创新创业教育的质量监控要围绕上述五个基本元素展开，全面、全过程、全方位监控创新创业教学质量，评价创新创业教育教学活动的状态，为提高高职创新创业教学质量奠定基础。

三、高职创新创业教育教学质量监控体系的构建模式

通过对影响高职院校创新创业教育教学质量的基本因素（人、物和管理的因素）的分析，立足高职院校创新创业教育教学活动全过程，按照全员性、全方位、全过程的“全面质量管理理论”，从监控目标体系、组织机构体系、制度保障体系、激励约束体系、督导评价体系和信息反馈体系六个方面构建创新创业教育教学质量监控体系，最终建立一套切实可行的高职院校创新创业教育质量监控管理方法。

（一）构建战略层：通过创新创业人才培养目标定位和社会需求分析、内外环境分析，从全方位的角度，确认各个教学环节的监控目标

高职院校创新创业教育教学质量监控体系是一个封闭的管理系统，这个系统从它的监控目标开始。监控目标体系应该从教学输入质量、教学运行质

量和教学输出质量三个方面进行目标监控。

1. 教学输入质量监控目标

（1）对学校创新创业型人才培养目标的监控。具有符合高职教育的人才观、质量观、教学观，重点突出职业性和专业性，培养具有开创个性和创业综合能力的可持续发展的高素质技能人才的教学思想理念；具有以创业意识、创业心理品质、创业知识、创业能力培养为主线，建立“产学研”结合紧密、校企双向介入、共同育人的创业人才培养模式；主动适应经济发展需要，结合区域经济特色，制定科学完整的紧密结合专业特色的创业人才培养方案和毕业生质量标准。

（2）对创新创业教育的课程体系与教学内容的监控。对于创新创业教育的课程体系与教学内容，主要监控其是否与培养目标相适应。对课程体系的监控主要包括课程结构、教学计划、教学进度、课程标准和教材。对课程结构主要监控创新创业教育课程是否采取必修课与选修课相结合、显性课程与隐性课程相结合、学科课程与活动课程和实践课程互动的多元形式；对教学计划主要监控其内容是否与学生知识和能力的培养目标相符；对教学进度主要监控其是否与专业课程教学进程一致；对课程标准主要监控其是否与教学计划相一致；对教材主要监控其时效性、针对性以及应用性，同时要严格监控教材规格。对教学内容主要监控其是否与教学培养目标、课程标准、教学计划相符，制定的课程标准是否与国家要求相符，对应地方经济社会发展的现实需要，符合人才培养质量的各项指标要求。

（3）对教学资源的监控。教学资源包括软件资源和硬件资源，对创新创业人才培养具有保障功能，是质量监控中的重要一环。本书将教学资源的监控解释为资金保障、师资队伍和实训基地建设等。资金保障也就是经费投入方面稳定且足够使用，这是高职院校开展创新创业教育的基础性条件。高职院校的经费来源主要包括中央财政、地方财政的专项和生均经费，学校自筹经费和社会资助。对经费的监控，主要是总经费、年生均经费与标准经费的比较，与学校上一年的纵向比较和与本区其他高职院校的横向比较，不能低于平均水平。师资队伍是高职院校创新创业教育质量保障的重要条件。对于教育而言，师资力量是保障教学质量的基本条件。师资队伍的监控指标主要是学历、数量、经验、结构等因素。高职院校的师资队伍主要强调双师型师资队伍，尤其是企业经验丰富的师资队伍。教师素质主要是教师创新性教学能力、教师的创业指导能力、教师科研成果与创业实践衔接能力、教师捕捉创业信息能力（教师继续教育培育计划与实施）等。创新创业教育实训基地建设主要包括具有真实工作环境的校内实训基地的数量与建筑面积，校内实训基地的利用率，校外实训基地的数量、建设水平和利用率，科技园、孵化器等提供的服务能力等。

2. 教学运行质量监控目标

高职院校的教学过程一般都是由理论和实践两个部分有机组成，创新创业教育教学活动质量监控的形式基本上按照教学的基本规律，在理论和实践两个层面开展质量监控行为。理论层面包括课堂教学的系列环节，强调课堂教学效果，目前也在突出过程性考核的手段；实践层面主要是组织学生开展创业活动或者是在实训室（实验室）中开展创业行为的质量检测等。

3. 教学输出质量监控目标

教学输出的产品是学生，因此，对教学输出质量的监控，也就是对创新创业人才培养质疑的监控，主要包括对学生创业能力、创业资格证书、创业参与率、创业成功率以及创业学生跟踪调查（学生满意度和社会声誉等）等的监控。

（二）构建执行层：整合全员参与的监控组织、建立系统的监控制度、设计全过程的监控流程和多元的评价指标

1. 组织机构体系

创新创业教育教学质量监控组织机构是指实施教学质量监控管理的有关机构和人员，主要由学校、二级学院和教研室、教师、学生四个层次构成。

第一层次是学校教学质量监控与管理机构及人员，由主管校长、创新创业指导中心、教务处、教学督导委员会及其管理人员组成，形成创新创业教育教学质量管理决策、教学过程监控和教学质量评价“三位一体”的教学质量监控模式，在教学质量监控中起主导、组织、调度、指挥和监督作用。其中，创新创业指导中心和教务处作为集中的监控机构，根据学校创新创业教育教学质量管理制度对整个教学过程进行全方位的监控，主要侧重于监

督。教学督导委员会包括校内督导人员和校外专家，主要侧重于评估。

第二层次是二级学院和教研室教学质量监控管理机构及人员，由二级学院院长—分管教学院长—教学秘书等二级学院管理人员和教研室主任组成。二级学院主要是制定结合所属专业的创新创业教育教学计划，组织课程安排，开展教学质量研究及教学质量检测，对教学环节进行教学检查，进行教学基础建设，对教研室的教学活动和学生的学习活动进行管理等，二级学院侧重于检查。教研室主要是根据教学质量管理的目标和教学计划要求，对所属课程的各个教学环节进行组织管理。同时，教研室主任负责本教研室老师的各种教学活动，教研室侧重于执行。

第三个层次是教师。教师主要是对学生的学习质量进行监控，教师主要侧重于落实。

第四个层次是学生。由学生组成学生评议教学委员会，对学校的管理和任课教师的教学情况进行评价，学生主要侧重于反馈。

2. 制度保障体系

对创新创业教育教学质量监控制度的管理，主要是通过建立教学质量管理的规章制度，有效组织教学相关组织机构，使教学相关管理活动、各个教学环节规范、科学、高效运转，确保教学质量的稳步提高。

教学质量管理规章制度主要包括以下制度：

（1）教学检查制度；

（2）学生评教、领导评教、同行评教、行业专家评教、师生评管制度；

（3）领导、教师听课制度；

（4）教师评学制度；

（5）学生教学信息员制度；

（6）教师教学质量考核制度；

（7）教师岗前培训制度；

（8）学生课程考核管理规定；

（9）试卷分析制度；

（10）创业设计评估制度；

（11）毕业生创业情况调查制度；

（12）实践教学评估制度；

（13）课程建设评估制度；

（14）教学状态评估制度；

（15）教学事故处理制度；

（16）教学督导制度等。

这些制度的建立和实施初步形成了创新创业教育教学质量监控制度的管理体系。

3. 激励约束体系

教学质量监控激励约束体系也是教学质量监控体系的一个重要组成部分，其作用是依据监控评价结果，对教学活动的主体——教师、学生以及教学管理人员等进行行为上的激励约束。激励的形式主要包括物质的激励、精神的激励（如成就感、认同感与荣誉感等）、需求的激励（满足自身需求、实现自身价值）、竞争的激励等。约束体系是从抑制角度出发，通过一系列制度措施来防止偏离管理目标的行为的发生。约束机制主要有制度约束、环境约束、自我约束和道德约束。

4. 督导评价体系

督导评价体系是教学质量监控体系的一个重要组成部分。教学质量督导体系大体由以下三个方面构成：负责教学质量督导评价的工作部门，一是建立教学质量督导机构及专门主要是对收集的信息进行处理、说明与判断，找出、分析并诊断问题；二是进行校内经常性教学质量督导评价；三是对学校办学水平和教学质量做出准确的评价，为教学改革及学校改善管理措施提供依据。

（三）构建支撑层：搭建多渠道的信息反馈平台

教学质量信息，是指反映教学质量管理对象及管理过程状况的各种消息、数据、记录、文件、报表等，教学质量信息的采集、处理和反馈是联系教学质量监控体系其他各个环节的重要纽带。创新创业教育教学信息反馈平台最主要是要跟踪在校和离校学生创业信息，收集反馈信息，建立数据库。

该平台包含以下几个部分：

（1）信息收集系统。主要收集学生、教师、教学管理人员、教学督导人员、院领导以及校外信息反馈渠道收集的直接反馈教学质量的信息系统组成。主要功能是通过各个渠道全面地收集教学质量信息。

（2）信息加工系统。主要功能是将收集到的信息按需求进行整理、筛选、分类、分析、汇总、编写报告等，使之成为有用的质量信息。

（3）信息储存系统。主要功能是将整理提炼好的质量信息分门别类以文件、数据库、档案等形式进行存储，以供学院使用。

（4）信息输出（反馈）系统。主要功能是通过红头文件、会议、书面、口头告知等多种形式向学院相关部门提供其所需的质量信息。

（5）信息技术支撑（平台）系统。主要是教学质量信息反馈所依托的软环境（计算机、网络及相关信息处理软件），给信息反馈者以方便的信息通道，便于质量信息的反馈和信息数据的有效处理，为信息收集、信息处理和信息输出提供技术保障。

第三节　高职院校创新创业教育教学质量监控的运行机制架构

一、高度重视高职创新创业教育教学质量监控工作

创新创业人才培养在高职院校应该已经得到高度重视，这在无数的理论和实践的经验中得到了体现。我们需要认清的现实是，我们并不是注重搞了多少创新创业活动，培养了多少创新创业人才，而是要注重创新创业人才培养的质量怎么样，创新创业教育的活动开展得是否有效，这才是我们推进高职院校创新创业教育的关键。因此，高职院校要高度重视创新创业教育工作，尤其是在创新创业教育质量监控上要花气力，在这一方面，目前国内的高职院校还有许多的不足。高职院校应将创新创业教育教学质量监控纳入日常教育教学监控体系。在学校的方方面面都要提及创新创业教育，而不是将其与常规教育混为一谈，这要求高职院校的领导层要树立起创新创业教育质量监控的理念，时刻以质量为人才培养的生命线，通过各种手段，从政策、

资金、人力等方面为创新创业教育教学质量监控工作开展创造优越环境。高职院校要对各基层单位强调质量监控的重要性，并将创新创业教育质量纳入二级考核，设立评价指标体系，使得高职院校的创新创业人才培养注重质量，强调效益，在基层单位的蔚然成风必然会有利于全校人才培养质量的提升。要加大对创业组织的资金扶持，并强化年度考核和过程考核，将考核结果与年度经费划拨、干部考核相挂钩，并激励创新创业团队勇于创新，提高创新创业人才的综合素质。此外，高职院校要高度重视文化育人功效，强调各二级学院要树立一院一品的创业文化基站，使得基站的品牌效应经过若干年的深化，成为提高创新创业教育质量的重要推力。要高度重视学生团体的建设，强化学生会、社团组织在创业教育中的正向功效，鼓励这些组织开展一些有助于创新创业教育的活动，通过制度化和非制度化、显性和隐性的环境因素及其综合作用，通过多种方式展示学生的才华，吸引学生的精力。同时也使得学生架构了相互之间交流的平台，在知识、人际、团队等方面都可以通过文化的交流活动实现整合，促进各方资源使用效益的最大化。要加强宣传，在校园建筑上花气力营造创新创业的物质文化，在校风学风建设上营造精神文化，进而在全校范围内形成你争我赶、争先创业的创新创业文化氛围。

二、着力打造高效组织机构与高素质教师队伍

对于高职院校的创新创业教育工作，仅仅依靠专任教师队伍是不可能完成任务、不可能取得较高质量的。高素质的管理队伍和顺畅的管理机制是确保高职院校创新创业教育质量的重要保障。高职院校要建立科学有效的管理架构，使得组织运转高效顺畅，使得质疑监控行为有力有效。高职院校应建立专门的质量监控组织机构和服务体系，组建学校创新创业教育领导小组，由学校领导亲自挂帅，各职能部门分工明确，独立运转，协同配合。教务处、创业教育学院、各二级学院之间建立起无缝对接的工作机制，共同推进创新创业教育工作。主要强调几个方面：一是在师资队伍的招聘机制上要大胆改革，勇于突破传统的人才引进机制，不再强调只看学历，而是要高度重视其是否具有强大的创新力和创业经验，不拘一格选拔人才。二是要高度重

视兼职师资队伍建设。目前，不少高职院校将兼职师资队伍建设作为有益的补充，基本上还是面子工程，实质上还不多见。高职院校要花大气力引进优秀的兼职师资，强调师资队伍的稳定性，不仅仅在物质方面给予一定的补助，更重要的是要在精神层面使得兼职教师愿意来校参加创新创业教育活动，愿意教授培养学生开展创新创业教育活动。三是高职院校要注重教师业务水平的提升，要经常邀请行业专家来校开设专题讲座，譬如设立创业讲堂等，如浙江商业职业技术学院开设的浙商企业家大讲堂，邀请了一大批优秀浙商来校讲座，取得了显著的人才培养效果。高职院校邀请的专家也可以为创新创业教育的目标和人才培养方案等工作进行把关、诊断，提出提升人才培养质量的可行建议。目前国内高职院校师资队伍赴海外研修的比例还比较低，一方面是由于经费和出境手续报批等方面的制约，更重要的是高职院校的领导层是否下定决心要推进创新创业教育活动，这是创新创业教育师资队伍水平提升的关键。

三、积极构建完善和畅通的教育教学质量的工作机制

高职院校的创新创业教育工作质量监控机制需要进一步完善。一是高职院校的创新创业教育质量监控要有计划。事实上，目前高职院校的创新创业教育质量监控工作基本上都是自发行为，想起来了就组织人马检查一下，或者为了应对上级单位的检查，临时突击一下，这样很难解决高职院校创新创业教育的质量问题。二是高职院校的创新创业教育质量监控工作要有组织。目前尚没有专门的部门负责高职院校的创新创业教育工作质量监控，大多数院校内部的质量监控都是交叉进行的，分散在教务处、创业教育学院等部门之中，没有一个专门的机构来负责牵头进行。三是高职院校的创新创业教育质量监控要有信息反馈。建立信息反馈机制是高职院校创新创业教育工作的质量监控取得成功的重要手段。信息流已经成为与资金流相提并论的重要条件和手段，高职院校的创新创业教育质量监控工作必须重视信息反馈，通过搜集信息、分析信息、解决问题，明确发展方向，作用巨大。高职院校要建立与创新创业教育相关的单位和教职工交流合作的平台，通过召开创新创业教育研讨会、学术沙龙、工作经验分析会等方式，促进创新创业教育质量监

控各环节的信息交互，提高彼此之间合作的信任度和亲密度，使得部门与部门之间愿意为创新创业教育质量监控通力合作，形成共识，提高合作合力。

四、加快建设创新创业教育教学质量监控保障机制

一是在制度设计上要有所创新。没有规矩，无以成方圆。制度是高校的法律规章，是高校集体智慧的结晶，反映学校的利益诉求和治理方向，确保创新创业人才培养的质量。建设符合高职创新创业人才培养规律的教学常规管理制度、质量监控制度和质量保障制度是高职院校创新创业教育教学制度建设的必由路径。高职院校要根据学校办学的需要，按照人才培养的特点，对创新创业教育制度进行废改立，尤其是创新创业人才培养的目标、培养方案和质量监控制度。因为，区域经济社会发展是始终在变化的，不存在一成不变的制度。现在高职院校一般都重视制度的建立，但在制度顶层设计上明显不足，在制度修订上有所欠缺。高职院校要在创新创业人才培养教学工作流程、创新创业人才培养工作领导小组业务流程、不同专业创新创业人才培养的方案、创新创业人才实训基地的管理办法、大学生创业园入园管理办法、大学生创业园孵化工作条例、大学生职业技能大赛的工作流程和管理办法、大学生创新创业大赛的竞赛规则、大学生创新创业教育教材开发与管理、大学生参加创业活动的德育考核制度、大学生创新创业教育奖学金评定办法等方面进行制度创新，以完善的制度规范高职院校创新创业人才的培养，有效提升高职院校的创新创业教育水平。

二是要在人才培养保障机制上进一步创新。任何创新创业教育活动的开展，都需要一定的资源进行保障，这些资源可能是资金，也可能是政策，或者师资队伍等，保障措施是教学质量的重要组成部分。高职院校要加强对创新创业教育经费投入的规划，每年在年度经费预算中，要确保有足够的经费可以促进高职院校创新创业教育质量监控行为的开展。要在设施设备等方面给予足够的供应，要建立经费、仪器设备等资源投入的标准，并确保每年以适当的额度增长，使得教育教学质量监控行为得以完全进行。同时，也要高度重视高职院校的创新创业教育质量监控工作的软件保障建设，要建立科学有效的质量软件保障机制。譬如高职院校的决策层对于创新创业教育质量监

控工作的重视程度，各项质量监控制度的设计是否科学并得到落实。各项工作机制的开展是否通畅有序，各有关部门的责任意识和职责范围的界定是否清晰明确等。高职院校针对保障措施上的各项指标必须要做到一一对应，寻找工作短板，制定有效措施补足短板，强化高职院校创新创业教育质量监控工作的作用功效，提高创新创业教育教学活动的效果。

三是要在激励机制建设上进一步创新。高职院校要高度重视激励机制的建设，要运用好激励的杠杆作用，通过激励机制的运转，激发全校教职员工投身于创新创业教育质量监控工作，共同提高创新创业人才培养质量。因此，建立有效的创新创业教育质量监控工作的必由之路。对于创新创业教育量监控的激励机制，主要还是激发高职院校师生员工，尤其是从事创新创业教育的师生员工的内生动力，以制度为基石，以机制为引导，通过利益驱动机制、荣誉评价机制、末位淘汰机制等相互作用，既体现创业团队的价值指标，也为教职员工大力推进创新创业教育，提高人才培养质量做出贡献。对在创新创业教育中做出突出贡献的教职员工，除了既定的物质奖励之外，要在精神层面给予一定的奖励。

第七章　高职院校创新创业教育质量评价体系研究

第一节　创新创业教育质量评价基本理论

一、创新创业教育质量评价的相关概念

（一）创新创业教育基本内涵

“创新创业教育”一个学术名称最早被广泛认为应该是由1994年联合国教科文组织于1989年在中国北京隆重举行的《面向世纪教育国际研讨会》上首次明确提出的，主要研究目标就是广泛地应用指对于中国青年的创新事业心、进取心、冒险创新精神等各个方面的教育培养。创新创业教育本质上是一种实用教育，具有创新、创造以及实践性的特征，尚未形成统一的概念。通过本书的梳理，创新创业教育内涵主要表现在广义和狭义等。

从广义上讲，创新创业教育是培养最具有开创性个性的人，包括首创精神、冒险精神、创业能力、独立工作能力以及技术、社交和管理技能的培养。Jonsdottir（2008）深入地研究了冰岛高等学校的创新与创业教育的发展情况，认为以创新与其他创造性的思维方式作为培养和提高冰岛大学生的创业能力的必备工具，将其创新与创业教育的发展形成了一个整体的统一。Cruz（2013）进一步研究了创新驱动教育课程项目对于创新驱动行为的直接

影响，认为我们所接受的管理创新驱动教育与其他创业驱动教育的学生往往较其具有远远超出正常人的知识和创新能力，同时所有接受过这些专业的知识和创新驱动教育与其他创业驱动教育的学生在实际操作中也比较容易获得成功。

从狭义上讲，创新创业教育就是以通过宣传培养一批能够具有较强的革新创业思维理念和综合基本素质及其创新开创型独特而有个性的创新专业科学技术创新人才队伍为主要内容和培养目标，不只是以通过宣传培育我们广大在校大学生的革新创业思维意识、创新创业精神、创造性和自主创新性对创业者在技术上的综合应用能力培养为主的专项宣传教育，而是还因为需要通过教育面向整个经济社会。针对正已经准备革新创业、成功参与发展革新创业的在校大学生革新创业技术团队，分两个阶段、三个层次地组织进行他们的自主创新与创业思维的知识培养和革新创业综合能力素质培训与技能锻炼的专项宣传教育。

（二）创新创业教育质量评价基本内涵

创新创业教育质量评价主要是根据我国创新技术教育的目标，运用各种科学合理的技术和方法手段，通过系统地搜集和综合分析资料，对开展创新技术教育实践活动的过程及其成果进行客观、全面的价值判断，为改善和提高我国创新技术教育服务质量和实施效果发挥作用提供了依据的一个过程，是我国创新技术教育服务管理的一个核心环节。

高职院校对于创业教育的教学质量进行评价制度体系的建立，可以从许多方面去帮助高职院校充分认识自身的创新教学质量，帮助他们了解自己的创新项目。高职教育以培养科研类技术型的就业人才为主要定位，在高职院校中创新型教育的主导地位也是由高职院校的定位所决定。在我国高职院校中绝大多数的创业计划项目的内容都是来源于高职学生自己所学的专业或相关衍生产品行业，而且高职学生的创新计划水平也与高职学生的教育质量密切相关。高职院校对创新驱动教育的教学质量进行评估将可以成为高职院校对创新驱动教育的引导方向。高职院校对创业教育的教学质量进行评估能够为高职院校对创业教育的研究者提供一种反馈信息，能够有效地帮助高职院校教学工作者用更加客观的眼光去审视创业教育的实施方法、课堂质量及培训环境等，为高职院校对于创业教育的研究发展提供一些具有价值的建议和指导。

三、创新创业教育质量评价体系构建的方法

对于创新创业教育质量评价体系构建，坚持全面性、引导性、可操作性、适切性的原则，科学实施评价，为此，需要掌握构建的原则和步骤。

（一）构建原则

创新创业教育质量评价体系针对高职院校和各类学校的创新技术教育进行质量评估，具有一定的指导意义和管理性，构建科学正确的高职院校创新技术教育质量的评估体系与高职院校培养的创新技术教育专业人才有着密切联系，关于评估结果的客观性和真实度，对于高职院校创新技术教育质量的提升息息相关。为此，在推进创新创业教育素养质量评估体系的构建中，要坚持全面性原则、引导性原则、可操作性原则和适切性原则。

1. 全面性原则

创新创业教育涉及方方面面，无论是涉及的对象，还是涉及的内容，其广度和深度都非常大，在创新创业质量评价中，其指标的设置要注意全面性。其一，要注意涉及对象的全面性，如政府层面的支持、行业的参与、企业的参与、高职院校自身（包括师生）人财物事的投入等。其二，从高职院校涉及内容的角度来看，除了要得到政府、行业和其他企业的大力支持外，重点还需要从高职院校自身实际出发，如高职院校创新驱动人才培养与创业教育的专业技术人员配备、资本投入、设施建设以及课程开发、管理观念及其教育思想的固化等，还要特别注意解决高职院校学生的成长问题，因而，要特别注意从多层次、多维度，系统地对创新创业技术课程质量指标进行构建。

2. 引导性原则

对创新创业课程的教学质量进行评价体系的构建主要是为了科学地评价和发展创新的创业课程，提高其教学质量，从而促进我国的创新和企业化教育的可持续发展，为此，质量的评价制度的可操作性至关重要。如果一个评估指标体系本身就具有了可操作性，产生不了引导效益，或是因为其评估的

指标过于全面，细化的指标很难实施，同样也会得不到客观正确的评估结果，无法客观有效地准确评价创新和企业发展的质量，为此，需要基于我国各大高等学府和院校办学的实际，从资料的可获取、评估指标的可测量、层次浅析清晰明了等几个方面入手。只有对具备一定的资料支撑和数据支持的指标选择，才能实现对产品进行质量评估的目标。充分发挥对评价指标的引领作用，让其评价指标制度成为我国高职院校开展创新和自主创业教育工作的一个风向标，成为各级相关专业技术师资队伍和员工工作规范化的标准，自觉地形成意识，落实到对创新和自主创业教育的课程建设中，提高创新和自主创业教育的质量。

3. 可操作性原则

创新创业教育质量评价体系构建是为科学评价创新创业教育，提高其教育质量，从而推进创新创业教育可持续发展，为此，质量评价体系的可操作性至关重要。如果一个评价体系没有可操作性，产生不了引导效益，或是因为评价体系过于全面，细化指标难以实施，同样也得不出客观正确的评价结果，无法客观有效地评价创新创业的质量，为此，需要基于高职院校的办学实际，只有具有一定资料支撑、数据支撑的指标选项，才能达到质量评价的目的。

4. 适切性原则

本书的创新创业教育质量评价体系是针对高职院校的体系，高职院校具有一定的市场化特点，为此，在我国高等学科创新创业教育的质量评估体系的构建中，要特别注意准确把握高职院校市场化的特征，区分研究型大学，减少对学术深度等各个方面的质量评估指标，重点从市场、企业、行业等维度，构建一些特色优势。高职院校具有自身特色的素养与教学指标，从而保证了创新型企业素养与教育质量评估体系建立的针对性和适切度。

（二）构建步骤

本书针对高职院校构建的创新创业教育质量评价体系将基于层次分析法进行研究，其构建步骤如下。

1. 确定质量评价指标

该步骤主要通过以下几个方面实施：首先，通过文献研究法，对当前高职院校创新创业教育质量评价的指标进行归纳总结，以枚举法列出指标体系。同时，根据高职院校的实际，列举出具有高职院校自身特点的评价指标体系，形成初步的评价指标体系。然后，将初步建立的质量评估指标体系设置为调研问卷的形式，向高职院校师生、毕业生以及大学生创业的校友等单位发出质量评估调查问卷，对其中的数据资料进行统计和分析，根据综合评分的结果，剔除了被认为质量评价水平较低的质量指标项目。接着，从各类高职院校师生、毕业生以及自主创业的校友中挑选出一定数目和规模的专家，通过多次征求和评审，保留了符合全面性原则、引导性原则、可操作性原则和适切性原则的指标。最后，通过进行多轮评估，直到各位专家们的意见基本趋于统一之后，形成最终对高职院校创新型创业教育实施质量的评价和指标框架。

2. 构建质量评价层次模型

根据最终确定的质量评价指标体系，按层次分析法构建质量评价层次模型，明确各指标的层次关系，并针对层次模型各指标之间的层次，构建评价指标体系评价表，选取一定数量的专家，对各指标进行两两比较，将其评价评分进行平均。

3. 确定质量评价指标权重

根据专家级别评价评分平均值，计算各级评价指标的权重。

4. 建立质量评价指标的评价集

明确了各级评价指标的权重，为科学判断各评价指标，针对各指标的数据特点，设计评价等级，制定评价集。

第二节　高职院校创新创业教育质量的现状分析

一、创新创业教育对高职院校的现实价值

近年来，随着大学本科的扩招，高职院校面临着生源减少、学生素质降低的困境，这也直接导致了毕业生质量的下降，在社会各界看来，高职院校

的毕业证含金量也越来越低，尤其是面临如今严峻的就业形势，高职院校的毕业生越来越难找到工作。做好创新创业教育是高职院校发展进步的着力点。创新创业教育是高职院校学生实现优质就业的关键，是高职院校教育综合改革的突破口，也是职业教育整体转型发展的重点。高职院校针对创新创业教育培养体系的探索和改进也应该致力于以下三个方向：首先要保证学生能够通过创新创业教育了解创业的本质，领会创新的精神，对未来的就业方向和发展目标形成一个理性全面的认识，为实现学生优质就业奠定坚实的基础；其次是根据与专业教育有所区别的教育理念与方式，对当下专业教育普遍对学生进行知识灌输的现状形成冲击，推动高职院校教育的综合改革向高质量发展；最后是通过创新创业教育帮助学生了解社会发展的最新动态和对人才的最新要求，面对不断涌现的新领域、新行业、新技术，适应新常态的发展变化和要求，调整职业教育人才培养的方向和目标，使得职业教育与经济发展联系更紧密，推动职业教育整体转型发展。

二、高职院校创新创业教育存在的问题

当前，高职院校的“双创”教育正在有效开展，但是通过采访一些高职院校创业学院院长发现，创业学院其实一直有定位不清的问题，例如课程体系设计不够合理，师资力量欠缺。高职院校创新创业教育首先面对的问题是教师和学生对创新创业的认知困境，在很多教师的思想认识中，创新创业教育就是“创新教育＋创业教育”，实质上是将其归为对学生的就业指导教育，而在教育实践和课程体系设计中，基本也是这么实施的，导致高职院校创新创业教育实施成果的偏差。“双创”教育师资资源分配不均、课程体系建设不完善。一方面，能够胜任创新创业教育教学的老师数量普遍不足，掌握扎实创新创业基础理论知识的老师很少；另一方面，创新创业教育模式陈旧，现有的教育模式普遍存在一个问题，即教育过程中以教师为中心，学生被动接受。还有创新创业教育教材参差不齐、学生创业心理承受力不足、协同机制缺乏等问题亟须解决。

三、高职院校创新创业教育教改措施研究现状

针对上述创新创业相关教育的问题，很多学者对创新创业教育进行改革研究并提出了相应的教改措施。顾玲指出，高职院校的创新创业教育是一项牵涉多方、影响巨大的综合性工程，其发展需要院校政府、企业以及社会等多方参与主体的全面协作。季永波等构建了创新创业能力的评价模型，利用层次分析法对大学生创新创业能力进行评价，从而有针对性地提出优化建议。任争峰等针对高职院校创新创业教育存在的问题，提出帮助高职院校学生建立创新创业自信；制定科学的管理制度；做好学生的心理健康教育工作；加强创新创业教育师资队伍建设；改善创新创业教育的外部环境等改进措施。陈洁茹基于高职院校创新创业教育的现状，分析影响大学生创新创业能力的因素，最后提出构建“三位一体”的大学生创新创业能力培养体系。

第三节　高职院校创新创业教育质量评价体系的构建

人、机、料、法、环是对全面质量管理理论中的五个影响产品质量的主要因素的缩写，对于高职院校创新创业教育质量来讲，在一定程度上，受五大影响因素的影响。基于高职院校创新创业教育现状的调查分析，梳理高职院校创新创业教育存在的问题，以问题为导向，设计高职院校创新创业教育质量评价指标体系。

一、高职院校创新创业教育质量评价中“人”的因素

全面质量管理理论的五大因素“人”的因素是指制造产品的人员。对于高职院校创新创业教育来讲，影响其质量“人”的因素，具体表现在师资结构、师资能力等方面。

（一）师资结构

考查高职院校创新创业教育的师资结构，涉及师资的组成结构、学历结构以及职称结构。对于组成结构来讲，其与我国创新型创业教育本身的特点

密切相关，一般来讲，有高校的创新型教师和企业的研发导师，以及各个行业的专家学者，因此，师资队伍结构的确定至关重要。对于学历结构来讲，其与创新创业教育院校和师资队伍中学历层面的配置有很大关系，主要体现在院校和师资队伍中研究生以上学历人才占比，一般来讲，学历层面相对较高，尤其一些具有实践经验较为丰富的创新创业导师，对于高职院校的创新创业教育影响也比较大。对于职称结构，其也与创新创业教育的师资团队学历层次的配置密切相关，主要表现在师资团队中高级职称的占比，一般来讲，高职级职称占比相对较高，其师资力量相对较强。此外，还有外聘企业专家、顾问、高层次管理人才的数量占创新创业教育授课教师的比例。

（二）师资能力

考查高职院校创新创业教育的师资能力，体现师资胜任高职院校创新创业教育的能力。具体体现在发表在相关教育类核心期刊上的创新创业教育论文数量、主持省部级以上创新创业教育研究课题的数量、编撰出版的创新创业教育相关学术专著的数量、创新创业教育研究成果获得省级及以上荣誉的数量、创新创业教育研究成果转化所创造的效益、创新创业教育案例挖掘能力、参加相关协会组织的创新创业活动或专项培训的次数和时间、参加国内外创新创业教育学术会议的次数、参与行业企业创新创业实践的次数和时间等。

二、高职院校创新创业教育质量评价中“机”的因素

全面质量管理理论的五大因素“机”的因素是指制造产品所用的设备。对于高职院校创新创业教育来讲，影响其质量“机”的因素，具体表现在课程体系、实践平台、机构建设等方面。

（一）课程体系

课程体系主要表现在创新创业教育的课程内容建设，主要突出理论层面。具体表现在课程的开发、课程的教学等。对于实践课程的开发，具体表现在创新创业教育中核心课程所需要开设的教师数量、创新技术与教育的专业课程标准和其他授课方式、针对性和教学的完整性、选修的创新技术与教

育中核心课程学生的人数和比重、创新技术与教育中核心课程学生的人数、创新技术与教育实战模拟等课程实践人员的学习时间、创新技术与教育中核心课程学习人数、创新技术与教育中核心课程学习人员的参与度、创新技术与教育中核心课程学习人员的规模、新创业教育课程纳入学生学分制体系的现状、涉及案例教学的课时所占比重、在全部创新创业教育课程教学中所占比重。对于创新型课程的教学，具体表现在以（仿真）商务项目规划质量课程作为大学生的成绩考核基础和重要依据的课程比例、以大学社会（市场）的调查和问卷调研结果质量课程作为大学生的成绩考核基础和重要依据的课程比例，根据本专业院校的实际，形成了一套独具特色的大学生创新型企业经营管理教育的课程方法。

（二）实践平台

实践平台主要表现在创新创业教育的实践基地及物理空间，主要突出实践层面。具体表现在校内创新创业孵化基地数量、校内创新创业孵化基地的项目容纳量、校外创新创业孵化基地数量、校外创新创业孵化基地的项目容纳量、政府行业企业和院校合作提供给学生的创新创业实践机会状况。

（三）机构建设

机构建设主要表现在创新创业教育的组织机构建设，主要突出组织机构建设。具体表现为从事创新型科技创业人才教育的专职职业技术培训管理服务部门及其他行业相关的专职技术培训管理服务部门及其他相关单位、企业、政府部门、其他政府单位、企业、社会以及其他事业单位、团体、个人、社会公益团体、其他事业单位或者其他个人、团体、社会公益组织等各个方面。

三、高职院校创新创业教育质量评价中“料”的因素

全面质量管理理论的五大因素“料”的因素是指制造产品所用的原材料。在高职院校创新创业教育中，培育高职院校学生创新创业能力，需要一定的资金支持和科学的培养方案。对于高职院校创新创业教育来讲，影响其质量“料”的因素，具体表现在资金支持、培养方案等方面。

（一）资金支持

资金支持主要表现在创新创业教育的支持，通常情况下，有来自政府层面的支持，有来自社会层面的合作，也有来自学校层面的投入。在政府层面，主要有地方政府成立专门的高职院校创新创业教育管理组织机构情况、地方政府有无设立高职院校大学生创新创业教育专项资金、地方政府设立的高职院校大学生创新创业教育专项资金使用情况。在企业层面，主要有合作企业对大学生的专项创新创业教育资助、行业企业设立合作高职院校学生创业风险基金情况、合作企业对学校创新创业教育的资助，合作企业与学校建立合作关系的资助。在学校层面，主要包括有我国高等院校创新与创业教育专项基金的设置、学校创新与创业规模化教育项目的财政补助基金数、学校对我国创新与创业规模化教育课程的建设资金支持、我国高等院校创新与创业规模化教育专门技术人才队伍的建设资金支持、我国高等院校对各种创新与创业比赛、活动的资金支持、我国高等院校对于创新与创业成果的孵化及其他关于我国创新与企业发展项目的融资金支撑、学校提供创新创业成果奖助资金激励力度、取得创新创业教育特色专项补助资金的大四学生涵盖面。

（二）培养方案

培养方案主要表现在对创新创业教育使用的工作“原材料”。培养方案包括理论层面和实践层面，科学的创新创业教育方案，既可以让学生深化理论知识，又可以让学生获得实践经验。培养方案的优劣，培养方案内容的优劣，关系高职院校学生创新创业教育的实效。

四、高职院校创新创业教育质量评价中“法”的因素

全面质量管理理论的五大因素“法”的因素是指制造产品所使用的方法。对于高职院校创新创业教育来讲，影响其质量“法”的因素，具体表现在教育方法、组织管理、制度建设等方面。

（一）教育方法

教育方法指在我国高职院校进行创新和创业教育中所需要采用的一种教育方式和手段，其中，包括理论课程和教学的方式手段、实践课程和教学的

方式手段以及课外平台的教育手段和方式，如校内举办的各种创新和创业大赛的参与者数量和规模、院校各种创新和企业协会的参与者数量以及相关工作的开展情况等。

（二）组织管理

组织管理指在高职院校创新创业教育中组织的方法和管理的路径。主要是针对高职院校创新创业教育的组织方式和管理方式，主要体现在理论环节的组织、实践环节的组织以及课外平台的管理。

（三）制度建设

制度建设指在我国高职院校进行创新型创业教育中以制度为基础的保障。具体内容包括创新创业教育的发展计划编制、具体执行措施方案的拟订等工作进程以及教育实施的情况、创新创业教育课堂的教学效益定期反馈制度、学生创新创业教育个别档案制度、指导教师创新创业的教育工作绩效考核制度、国家有关支持师生创新创业教育的有关激励政策及其他奖惩机制。

五、高职院校创新创业教育质量评价中“环”的因素

全面质量管理理论的五大因素“环”的因素是指制造产品所处的环境。对于高职院校创新创业教育来讲，影响其质量“环”的因素，具体表现在学校氛围、政策支持、企业参与等密切相关。

（一）学校氛围

学校氛围主要是高职院校创新创业教育的环境表现。具体表现在院校与相关行业和企业共同合作所开展的大学生创新创业教育项目的数量、院校大学生创新创业教育的校园文化气氛建设、院校大学生创新创业教育的文化标志体系建立、院校对大学生进行宣传和创新创业教育的多种媒体载体的实施情况、参加各类大学生创新创业教育竞技比赛的大学生总人数和所有修学的大学生创新创业教育一个系列课程中的大学生总人数等。

（二）政策支持

政策支持主要是高职院校创新创业教育中政府机关给予的政策导向，尤其是鼓励性政策，具体表现在地方政府出台的支持、引导、鼓励高职院校创

新创业教育的政策文件、地方政府出台的鼓励企业参与高职院校创新创业教育的政策文件、地方政府相关政策的执行情况、地方政府成立专门的高职院校创新创业教育管理组织机构情况等。

（三）企业参与

企业参与主要是高职院校创新创业教育中企业给予的支持，尤其是创新创业教育中平台的搭建。具体体现在参与合作的高职院校共同建设创新企业孵化基地的数量和规模、参与合作的高职院校组织成立的创新企业孵化实验课程的数量和规模、选拔出一批优秀的专业科技和行政管理方面的人才为高职院校大学生的创新企业孵化导师等。

综上所述，高职院校创新创业教育质量评价指标体系如表 7－1 所示。

表 7－1　高职院校创新创业教育质量评价指标体系

一级指标	二级指标
“人”	师资结构
	师资能力
“机”	课程体系
	实践平台
	机构建设
“料”	资金支持
	培养方案
“法”	教育方法
	组织管理
	制度建设
“环”	学校氛围
	政策支持
	企业参与

第八章　高职院校创新创业教育人才培养模式研究

第一节　创新创业教育相关概念界定

一、创新教育

创新教育就是培养人们创新精神和创新能力为基本价值取向的教育，是培养具有高素质创新人才为主要目标的教育。本书将探讨如何从外部环境和内部环境进行教育改革，使受教育者成长为创新型人才。创新教育着力培养学生的创新意识、创新技能、创新思维和创新情感和创新人格。

二、创业教育

一般人们会将创业教育狭义地理解为教授学生建立有型企业过程。学界对创业教育的定义不尽相同，但一般是侧重点有所差异，本质上而言有其一致性。创业教育从广义上而言应该是培养学生的创业意识、创业技能和开拓精神，转变就业观念的过程。

三、创新创业教育

国际上对创新创业教育使用的是“Entertreneurship Education”一词，也就是创业教育。在相关研究与社会实践中并未使用“创新创业教育”一词。

原因是他们认为创新是创业的基础，创新已经融入创业之中了，因此未使用创新创业这一概念。

目前，学界对创新创业教育的定义，主要有以几种：一是雷家骕、曹胜利认为，创新创业教育的本质是创造新事物的教育实践活动，宏微观区别在于对“业”的界定，宏观强调为创造新的事业的教育活动，微观强调的是创造新职业或者工作岗位的教育活动。二是周志成教授从本体论角度提出“创新创业教育在根本上是激发人的创造天性的教育类活动”。

本书中，创新教育和创业教育在本质上是一致的，功用是相通的，二者具有相互依存的关系。创新教育重在提高学生的综合素质，实现学生个体全面发展。创业教育帮助学生实现自我价值，完成就业，立足于社会。创业教育以创新教育为基础和内核，创新教育以创业教育为归宿。创新教育与创业教育既相互独立又相互交叉，具有高度的辩证统一关系，二者在广义上具有高度的一致性，紧密相连。

四、人才培养模式

百度百科上定义的“人才培养模式”是指在一定的现代教育理论、教育思想指导下，按照特定的培养目标和人才规格，以相对稳定的教学内容和课程体系，管理制度和评估方式，实施人才教育的过程的总和。本书认为，人才培养模式是指在一定的现代教育理论，既定的教育方针政策指导下，与教育相关的各个部门，以一定的组织模式运行并发挥作用，按照特定的培养目标，以相对稳定的教学内容、课程体系、专业实践、管理制度和评价方式实施人才培养的过程的整个标准样式。

第二节　高职院校现有创新创业教育人才培养模式及存在问题

一、现有的高职院校创新创业教育人才培养模式

（一）“校企合作订单式”培养

“校企合作订单式”培养，是指企业根据岗位需求与学校签订用人协议，由校企双方共同遴选“订单班”学员，共同确立培养目标，共同制定培养方案，共同组织教学等一系列教育教学活动的培养方式。这种培养方式更倾向于一种就业培养，它直接面向合作企业培养人才，使培养具有针对性和实用性。对学生培养目标和职业面相明确、教学过程与工作过程精准对接、实践有指导、就业有保障。这种培养方式是一种较高规格的校企合作方式。企业可以直接参与到人才培养过程的设计中，这既可以提高学校的人才培养质量，企业也是在为自己培养人才，极大提高了校企双方参与的积极性，院校教师学生直接参与到企业技术研发和科研项目中，为企业发展提供了智力支持。同时，“校企合作订单式”培养也对合作双方有着较高的要求。一方面学校必须有充足的教育教学资源能够满足企业对所需的人才的培养要求；另一方面企业也需要提供充足的岗位数量、多样的岗位类别、有吸引力的薪资待遇和发展前景来满足学生的需求。这种培养方式使合作双方联系更紧密，实现了资源的优化配置。

（二）“产学研结合式”培养

产学研合作教育是由美国辛辛那提大学工程学院赫尔曼·施耐德最先提出的。常小勇认为：高职院校的“产学研结合式”培养由于科研力量相对薄弱，一般以应用技术研究为主，产学研结合的主要任务和目标应侧重放在产和学上，要突出“学”的主体地位，把以课堂传授知识为主的学校教育与直接获取实际经验、实践能力为主的生产、科研实践有机结合起来，以实

现人才培养、社会服务、科学研究的相互促进，协调发展。基于高职院校与本科院校不同的办学特色，实施“产学研结合式”创新创业人才培养的高职院校大多将教育重心放在产学结合，而“研”的主要内容放在人才培养模式、合作机制等的研究上。这种培养方式的优点在于：第一，它强调工学结合和顶岗实习的重要性，把理论学习与教育实践相结合，培养学生的综合素质与专业能力。第二，高职院校的产学研结合使工学结合、学研结合。学校作为产学研三方的纽带参与到合作中来，实现优势互补、资源共享。第三，高职院校在产学研的实践中因为有企业的参与，使技术创新、产品研发工作紧紧围绕市场需求，提高了科研成果转化率。高职院校根据市场需要来培养适销对路的应用型人才，加快产业升级，促进行业发展。

（三）“现代学徒制”培养

“现代师徒制”是区别于传统师徒制的一种新型人才培养方式。它的主要特点是：以企业为主体，职业院校为基础，校企双方分工合作，共同育人。学生在学校学习专业知识，在企业作为实习生为企业工作。在时间安排上允许学生半工半读。这种培养方式的核心优势是工学交替、岗位培养。它是将传统学徒培训方式与现代学校教育相融合的一种新型“学校与企业合作式的职业教育制度”。它使企业与学校建立起互惠共赢的稳定关系，学生通过真实的岗位实践，可以将学校学习的知识学以致用，也能积累丰富的实践经验，这在未来的工作中都有着绝对的优势。企业的行业专家也可以被引入学校，帮助学校完善人才培养方案，优化人才培养模式。“现代师徒制”是基于工作过程来安排教学活动的，一般以一年为周期，学制安排上多采用“2+1”式。它必须保证整个教学过程各方参与者的利益。它有利于高职教育回归“职业”的定位，为职业教育找准了发展方向；也有利于企业技术创新，人才流入，为高职院校创新创业教育提供了新思路。

二、目前高职院校创新创业教育人才培养存在的问题

（一）“校企合作订单式”培养的缺点分析

“校企合作订单式”人才培养其优越性明显，但也存在一些缺点。首

先，“订单”的签订使人才培养规格完全按照对接企业制定，很容易导致学生知识广度和就业适应性差。一方面，如果学生不在合作企业就业，就业竞争力弱。另一方面，学生改变就业计划也会使企业投入落空、培养资源浪费。其次，目前校企合作停留在较浅层次。多数“订单式”培养只进行一些如签订合作协议、研讨合作机制等形式上，未进行深层次的合作。主要原因是多数企业想通过校企合作解决用工难的问题，未认识到参与到学校人才培养过程的重要性，也不愿意过多投入资源、经费和人力。再次，这种培养方式更倾向于就业教育，主要关注培养学生符合企业需求的知识和能力，忽视了对学生以创新创业素质为主的综合素质的培养，限制了学生终生发展能力的习得。

（二）“产学研结合式”培养的缺点分析

首先，“产学研结合式”培养缺乏有效的运行机制。对于合作的三方没有充足的动力，各方关系没能理顺，缺乏政策支持，产学研合作效果也没有配套的评价机制。尤其三方中科研机构的融入是个难题。因此，这种培养方式多数是个案成功，未形成长效良好的培养模式。其次，理论多于实践。教育部教职成〔2011〕12 号文件《关于推进高职教育改革创新引领职业教育科学发展的若干意见》中提出高职教育要走产学研结合发展道路。由此国内学者对产学研结合实施人才培养展开了大量的研究，并提出了很多实施对策。但由于我国职业教育起步晚，经验匮乏，对职业教育的研究相对薄弱，产学研人才培养过程还有诸多问题难以解决，因此将研究理论真正应用于实践的比较少，难以积累丰富经验指导此种培养方式的优化。再次，产学研结合的优势就在于科技创新和成果效益。但职业教育科研水平低，具有创新性和较高经济价值的成果和专利少，产学研合作经济效益少，企业参与积极性不高。职业院校建设实训室、实训基地、实训项目、生产能力及产出能力有限，科研项目很难转化为生产力，获得经济效益。

（三）“现代学徒制”培养的缺点分析

由于“现代学徒制”人才培养的三方参与者利益出发点不同，在运行过程中就会出现问题。第一，企业是以完成生产任务获取利润为目标，而学校和学生是以学习知识，在实践中提升能力，最终完成人才培养为目标。人才培养并不是一蹴而就的，需要一个比较长的时间周期，但企业与之相反，必须在较短的时间内完成生产任务才能获利。第二，企业生产运行需要合格人才才能保证生产质量、工作效率、运营顺利。而学生正处于培养期内，能力水平参差不齐，并不能完全胜任企业各岗位的质量要求，这会极大影响企业利益。第三，“现代学徒制”实行的是双轨并行的培养方式，学校的课程体系、管理体系、评价体系等都必须与企业协调安排，建立一套与培养方式相适应的新方式，这给学校、企业都造成了极大的困难。第四，考虑到企业提供实习岗位的容量和与专业相匹配的要求，寻找合适的企业作为合作对接企业也是非常困难的。这种培养方式对企业的依赖程度高，如果再考虑到企业转型或调整生产计划等问题，也会阻碍人才培养方式的推行。

（四）高职院校创新创业教育人才培养普遍存在的其他问题

1. 课程体系有待优化

高职教育人才培养模式的核心就是课程体系。近几年，很多高职教育研究者都在探寻将创新创业教育融入人才培养全过程的途径，基本一致地认为核心在于建立完善的创新创业教育课程体系。但是，在调研中笔者发现，首先在课程安排上，国内高职院校实施创新创业教育大多采取开设讲座、开设选修课、依托就业指导课、思想道德修养与法律基础等课程，这些授课形式时间短，内容匮乏，最重要的是脱离专业背景，很难达到创新创业教育的目标。创新创业教育与学科专业教育的真正结合应当是使创新创业教育的理念和价值融入学生人才培养模式和课程体系的各个环节，“通过对学科专业课程教学过程的‘重构’实现专业创新创业技能的获得”。其次在课程内容上，没能将创新创业教育融入专业教育中去，更谈不上跨专业多学科的深度融合。若想将创新创业教育和专业教育科学合理地结合起来绝非仅仅增加几门创新创业教育课程那样简单，真正完善的创新创业教育课程体系应该是由递进式的创新创业课程群，加上合理高效的实践课程共同构成的。

2. 组织模式不完善

（1）高职院校创新创业教育组织运行模式不够完善。首先，创新创业教育组织机构不完善。创新创业教育组织机构是组织模式的基础。大多数高职院校的创新创业教育还处于起步阶段，主要由就业指导中心来负责实施。没有具有专业背景的管理和科研团队参与其中，更无法进行跨领域的合作，导致创新创业教育发展缓慢，成果不显著，自然也很难达成国际间的交流合作。高职院校内部没有形成有效的创新创业教育生态系统去激发创意，促进新的技术成果转化为商业利润，指导学生进行创业等。校内外所有资源未能形成合力，推动创新创业教育的进步。也有很多学校成立了创新创业社团，为创新创业教育理念的普及和对此有兴趣的学生提供了很好的学习基地。这些都是很好的尝试。国内也有很多知名院校建立了具有自身特色的创新创业教育组织机构，如清华大学的知识产权中心，健康医疗创新中心等。但是高职院校从办学层次、内外部环境、社会认可度等方面与知名本科院校有很大差别，因此知名高校的创新创业教育经验可借鉴程度并不高。高职院校本身谋求创新创业教育的发展必须努力思考探索一条符合自身特点的组织模式。

（2）创新创业教育同质化现象严重。近年来，国家对高校创新创业教育越来越重视，已经从政策上确定要将创新创业教育贯穿人才培养全过程。但由于我国高职院校的创新创业教育是由政府主导实施的，使得创新创业教育同质化现象严重，缺乏多样性和适应性。另外，政府对院校的创新创业教育实施给出指导意见和政策支持，但不能深入学校内部具体组织实施，学校并没有形成完整高效的创新创业教育运行模式，致使创新创业教育产出低，发展遇到阻力。

（3）创新创业教育企业参与度低。创新创业教育人才培养模式需要政府、企业和高校三方紧密合作，共同参与，学界称之为三螺旋合作模式。企业参与是最难实现的，但却是对技术商业化最重要的依托，没有企业的参与和支持，创新创业教育只能是空谈。笔者认为，我国高职院校创新创业教育发展过程中，最大的问题就是企业参与度低，与高校合作不紧密，互动少。因为企业与院校合作并不是自发行为，是需要在良好的合作机制下，双方取得更大利益才能推动高校和产业的深度合作。正是由于缺乏完善合理的创新创业教育人才培养模式，使得企业参与院校创新创业教育的积极性不高。同时政府也缺乏对企业参与高职院校创新创业教育的相关政策支持。只有政府建立更好的相关政策保障，才能期待企业与院校更有深度及广度的合作。

3. 实践教学平台短缺

创新创业教育具有实践性的特征。高职院校创新创业教育的重中之重是为学生搭建可供反复操练、学习提高和技术孵化的实践平台。但目前高职院校校外实践平台建设短缺是创新创业教育面临的突出问题。校外实践平台包括学生创业园、创业孵化基地等，但出于区位因素、办学条件、政府扶持力度等客观因素，高职院校一般缺少来自社会、企业、院校、政府的持续性孵化平台，很难使优秀的创新创业项目成功完成成果转化，使项目成果进入市场。除了实践平台的短缺，还有些学校拥有自己的实训基地，但实训基地的实践一般只着眼于专业技能的训练，并未重视在实践中挖掘学生创新素质创业技能的培养，创新创业教育实践的软环境有待改善。

4. 师资力量薄弱

高职院校创新创业教育要求教师不仅具备扎实的理论基础、熟练的专业技能，还要求教师具有丰富的岗位实践经验和行业经历。善于吸收最新教育科学成果，将其积极应用于教学中，并且有独到见解，能够发现行之有效的教学方法，重点关注教师的创新创业教育观、知识结构、个性特征、教学艺术和管理艺术等。但高职院校教师大多是毕业后直接从教，非常欠缺实践经验，无法给予学生很好的实践指导。另外，大部分高职院校是由就业指导中心的老师或辅导员承担创新创业教育课程的讲授，他们无法胜任创新创业教育对知识体系和实践经历的要求。从企业聘请的兼职教师稳定性差，教学经验不足，缺乏必要的资金、制度等的支持，教学效果欠佳。

第三节　多元贯通创新创业教育人才培养模式设计及理论基础

一、基本构思

创新创业教育既要惠及全体学生，使每个学生都能够通过创新创业教育得到充分的发展，又应该关注学生个性特长，因材施教，使学生能够各有所长，扬长避短，构建横向多元化纵向贯通式，以培养学生的创新精神、创业意识、创业能力为基本价值取向的教育模式和内容体系。

“多元贯通式”创新创业教育模式中“多元”指的是：培养目标的多元化、课程体系的多元化、师资队伍的多元化、实践活动及实践平台的多元化、评价方式的多元化。“贯通”是指：第一，从学生入学到毕业就业或毕业创业直至创业后续发展，创新创业教育与创新创业服务贯通人才培养的全过程、各环节；第二，课程之间的贯通，实现课程的整合，使创新创业教育融入通识教育和专业教育；第三，理论学习与实践活动的贯通，使学生能够通过实践平台这个中介实现理论指导实践—实践生成技能—技能内化理论—综合能力提高—创新创业人才养成。

之所以要构建“多元贯通式”创新创业教育，主要是为了破解当前一些高职院校实施创新创业过程中出现的忽略将创新创业教育与专业教育相结合，或仅针对部分学生实施的创业教育而忽略全体学生创新创业素养的培养，或缺乏科学有效的组织运行机制对创新创业教育组织服务不到位等难题。“多元贯通式”人才培养模式遵循我国高职教育规律，在职业教育职业型特征的基础上加入素质型特征，立足于服务区域经济，立足于提高教学质量，立足于支持学生全面发展。

“多元贯通式”人才培养模式主要从教育思想和观念的更新、学校管理的变革、课程教学体系改革、实践体系的建立、评价体系的优化五个维度构建人才培养架构。

二、理论基础

（一）国家政策

教办【2010】3号《教育部关于大力推进高等学校创新创业教育和大学生自主创业工作的意见》中提出，“创新创业教育要面向全体学生，融入人才培养全过程。要在专业教育基础上，以转变教育思想、更新教育观念为先导，以提升学生的社会责任感、创新精神、创业意识和创业能力为核心，以改革人才培养模式和课程体系为重点，大力推进高等学校创新创业教育工作，不断提高人才培养质量。”

（二）多元智能理论

多元智能理论是20世纪80年代美国哈佛大学教育研究院心理发展学家霍华德·加德纳提出的。多元智能理论认为，每个人有八种主要智能，即语言智能、音乐智能、逻辑—数理智能、空间智能、运动智能、内省智能、人际交往智能、自然观察智能。每个人每种智能的发展程度因遗传、外部环境和所受教育等因素有所不同，因而学生的优秀智能也呈现出差异性。

高职院校学生往往因为高考分数低，被认为是高考中的失败者，很多学生自己也因此非常自卑，自信心、自我效能感差。但这是受传统智力理论影响，是对人的智能的狭隘理解。基于多元智能理论，笔者认为，“多元贯通式”创新创业教育人才培养模式是要用欣赏的眼光肯定学生的差异性和多元性，充分发挥学生的个性，用多样化的教学方法正确引导和挖掘学生的智能优势，促进学生创新创业素质的提高，让每位学生得到充分发展。

（三）素质教育理论

素质教育是以全面提高人的基本素质为根本目的，以尊重人的主体性和主动精神，以人为的性格为基础，注重开发人的智慧潜能，注重形成人的健全个性为根本特征的教育。笔者认为，创新创业教育就是一种素质教育。马克思列宁主义从实践的根本观点出发，确认了人的创造性是人的本质属性，也是人的一种生存状态，是人的本性的延伸。“多元贯通式”创新创业教育并不是人们狭隘认为的单纯追求“创新知识”“创新技术”“创立企业”，而是追求培养学生的学习兴趣，激发学生的潜能，培养学生创新精神、创业意识和实践能力，并培养学生终身可持续发展的能力。

三、设计原则

第一，以人为本原则。学生是创新创业教育的主体和核心，无论设计何种培养模式，采用何种教育手段，其根本目标都是“育人”。人是教育的出发点，也是教育的归宿。因此创新创业教育也应该遵循关爱学生生命、尊重学生主体性、发展学生多元化个性、实现学生全面可持续发展的原则。本书根据加德纳的多元智能理论，在构建“多元贯通式”创新创业教育人才培养模式过程中坚持“以人为本”原则，肯定学生的个体差异，依据学生的个性提供多元化成长路径，实现学生全面发展。

第二，创新创业教育贯穿人才培养全过程。根据现代教育理念，创新创业教育应该作为学术教育和职业教育的桥梁，使之双向融合。创新创业教育是一个多维立体的培养过程，需要依托系统化连续性全程化的创新创业人才培养模式多方协同育人，循序渐进地完成。将创新创业教育贯穿人才培养全过程能够提高高职院校创新创业教育的系统化水平，全面提高教育质量，这是高职院校自身发展的内在要求和重要保障，也是其主动适应国家“大众创业，万众创新”发展战略的改革举措，更是一种应该始终践行的教育理念和教育信仰。

第三，课堂教学与实践活动相辅相成。对于高职教育来说，课堂教学和实践活动是创新创业教育的两个主渠道，实践活动要以通识教育和专业教育的理论知识为基础，学生也要通过多种层次，形式丰富的实践活动来达到磨炼意志、累积经验、锻炼能力、培养素质的目标。创新创业素质必然是在以扎实的专业知识为基础的创新创业实践活动中培养出来的。创新创业教育领域存在着大量的“缄默知识”，与“显性知识”相比，“缄默知识”不能通过语言进行逻辑的说明，不能以规则的形式加以传递，不能加以批判性的反思。这从客观决定了创新创业教育必须将课堂教学与实践活动结合起来，使学生能够教中学，做中学，边做边学，做学结合。只有这种结合才能培养出合格的创新创业人才。

四、培养目标

高职院校创新创业教育的核心是“育人”。因此实施“多元贯通式”创新创业教育既面向全体学生，又关注个体的差异性，重视学生个性发展，注重学生综合素质，用多元的手段将创新创业教育贯穿学生培养的各个环节，做好创新创业教育服务保障工作。目标是培养学生的创新意识，激发学生的创新创业潜能，锻造学生终身学习与发展的能力，提高学生的就业竞争力，实现部分学生创业梦想，为国家培养具有创新精神、创业意识和创技能力的高素质应用型创新创业人才。

第四节 多元贯通创新创业教育人才培养模式的架构

创新创业教育的根本目标是育人，它是为国家培养具有创新创业素质人才的基础手段和重要措施。通过对国内外文献的研究，并吸收国内已有的创新创业教育经验，再结合现有的社会需求，构建了“多元贯通式”创新创业教育模式。为了实现高职院校创新创业教育的培养目标，在模式实施过程中要有层次、分阶段地有序推进，该模式的体系架构由五部分组成。

一、“多元贯通式”创新创业教育人才培养模式的秉承理念

在“大众创业，万众创新”的时代背景下，高职院校要首先从思想观念入手，更新教育理念。从教育管理者到一线教师深入进行教育理念上的革新，还要提升认识，从为国家战略发展目标提供人才支撑的高度认识、审视和开展创新创业教育。同时，也应该关注广大高职院校学生的观念更新。通过宣传和教师的言传身教，让学生明确，创新创业教育才是自身发展的必由之路。既要引导学生明确，刻苦学习是一切发展的基础，是在为创新创业积聚丰富的知识、强化方法的训练和能力的培养，又要培养学生的创新创业理念和正确的价值观。

第一，教育管理者要转变教育理念。在我国，高校实行的是党委领导下的校长负责制，高职院校亦是如此。以校长为领导核心的教育管理者需要突破旧的教育模式，确立多元化教育理念，从更高的层次、更广阔的视野开拓创新创业教育在本校开展的有效途径，合理布局，制定具有自身特色、合理完善的创新创业教育人才培养方案。改变知识本位的教育价值观，确立以知识传承为基础的创新创业本位教育的价值观。从顶层设计、制度设计、推进步骤、整合资源等维度推动高职院校创新创业教育的有序进行，开创高职院校创新创业教育的新局面。

第二，教师要转变教学理念。“多元贯通式”创新创业教育以培养学生

的创新意识、创业精神和创业能力为目标，将创新意识、创新精神和专业技能放在同等重要的位置。在教学观上要确立学生的主体地位，充分发挥学生的个性，用丰富的教学方法，努力培养学生自学能力，改讲授为主为启发式、探究式为主，充分调动学生的积极性，激发学生的创造力。更多使学生参与到课堂教学中，增加学生的参与度，锻炼学生发现问题、分析问题及解决问题的能力。在师生观上，要建立民主、宽松、包容的师生关系，培养学生不畏困难、大胆创新的精神，在学生探索尝试的过程中给予积极的鼓励、正面的引导、宽容的氛围。学生评价观上，教师要将评价重心转移至学生创新能力、创新思维上，提倡教育成果评价多元化。教师还应该主动投入创新创业教育的研究与实践中来，进行跨学科、跨专业的合作，深化教学改革。

第三，学生要转变学习和就业理念。大学生通过学校的创新创业教育，应该树立起正确的价值观念、就业理念和职业理想，建立对国家、对社会的责任感和使命感。首先，学校在思想政治方面做好创新创业教育的引导，使学生明确学习目的，端正学习态度。要努力创建良好的校园文化氛围，影响学生的观念形成。可以依托校园广播电视台、班会、校报、微信公众号、微博等媒介，积极宣传国家对于创新创业的相关政策，以及在高职院校开展创新创业教育的重要意义，树立成功典型，发布就业创业信息和行业资讯，以增加学生对创新创业教育的认识，普及创新创业教育知识，提高学生学习创新创业教育的主动性。也为学生了解创新创业教育提供信息获取的渠道和交流的平台。同时多宣传优秀企业家的创业经历和成功企业蕴含创新精神的企业文化。学校还应在学校网站的主页上专门开辟创新创业教育的优秀成果、先进经验和典型代表。尤其多宣传本校校友的创新创业事迹，这有利于扩大学校影响，坚定学生创新创业的信心。其次，要在日常教学中突出学生的主体地位，增加学生的参与度，激发学生的学习兴趣，在实践锻炼中，逐步培养创新精神和创业意识。再次，要鼓励学生进行多种形式的创新创业实践，积极参与创新创业类社团。以创新创业社团为纽带，集合各专业各领域有创新创业兴趣和愿望的学生，给予他们交流的平台，合作的载体，鼓励他们组建团队参加丰富多彩的创新创业活动及各级别的创新创业竞赛，以赛代练，丰富自己的经验。各社团还可以在指导教师的组织安排下到企业中参观学习，将理论知识与实践建立联系。学校可以通过发展创新创业类社团，使学生发挥自我教育、自我管理、自我提高、自我服务的功能，带动学校创新创业氛围的塑造和整个创新创业教育的发展。最后要努力转变学生就业观念。学校要采用各种宣传手段和教育手段引导学生树立正确的就业观念，勇于创新，不畏困难，敢于挑战。把创新创业行为建立在知识累积和能力培养之上。

二、“多元贯通式”创新创业教育人才培养模式的课程教学体系

课程是教学活动的载体，也是创新创业教育的主要途径和核心内容。创新创业教育实施要把创新创业教育理念融入课程之中，不仅要重视学科的互补性和教学的综合性，还要重点突出创新创业教育的实践性。通过课程设计形成一个结构合理、内容丰富、涉及面广、操作性强的创新创业教育课程体系。为了解决高职院校学科专业教育与创新创业教育课程彼此分离的难题，需要全面建设多元化的创新创业教育课程体系，开发多样化的学科创新创业课程，从而实现创新创业教育与专业教育的协同发展。

创新创业教育课程教学体系的原则是要设计一个面向全体学生的，依托行业背景，阶梯式的，多学科融合的系统。课程体系要尽量做到科学化、结构层次化和课程内容专业化。

（一）课程设计

在对课程进行设计时，要将创新创业教育融入专业教育，让人才培养目标在课程设计中得到落实。对适应岗位需求的课程进行深度改革。基于此，根据当前的专业培养方案和课程设置情况，以高职院校三年制教育过程为例，以创新创业理念融入专业教育为目标进行课程群建设。课程结构上不再过于强调学科本位，关注课程的整合与衔接，整体设置三年一贯课程科目、课程内容和课时比例，加强课程的选择性，精选课程内容，营造探索、合作、启发式的教学文化。如在大学一年级重视对创新创业意识的培养，因为此阶段学生主要是以学习公共基础课程和专业基础课程为主，对于创新创业

精神的培养有利于及早形成学生的创新创业意识。在大学二年级加强对创业基础知识的教育，大学三年级要强化对创业实践的培育。

课程设置与教学安排。所开设课程分为必修课和选修课两大模块。第一学年为通识教育阶段，主要安排创新创业教育通识课，关注创新精神培养，普及创新创业基础知识，如创新创业基础理论和企业建立流程等，深化学生对创新创业教育的认知和理解。该阶段所采取的教育手段以专家讲座和课堂教学为主。一方面，通过聘请校内外创新创业教育和实践专家，以及以往创业成功甚至失败者，开展创业管理、大学生创业基本要求等方面的讲座。另一方面，在大学一年级全校必修课中增设创新创业教育类课时，任课教师以思想政治类教师为主，并将校内外创业实践案例引入课堂做理论类教学的有效补充，开展实践类经验介绍。如果院校受到课时数的限制，也可以在思想道德修养课程中加入培养学生创新精神，正确对待创新创业实践过程中的成败等内容。在法律基础课程或相似课程中加入创新创业相关法律常识内容。

第二学年的创新创业教育主要为虚拟演练阶段。相较于通识教育阶段，虚拟演练教育阶段的创业知识内容更深入，如加强学生创业实践途径的选择等。该阶段专业教育与创新创业教育开始深入融合。这种融合要首先将学生按大的学科门类进行划分，并根据大的学科门类来分门别类地设置创新创业教育内容。其次在教学内容设计上可以按照某特定学科门类的未来发展前景、目前与此门类相关的重要企业发展分析等为线索来进行。可在此阶段开设创新创业技能类课程，主要讲授创新创业所需的创新创业技能和方法。如产品研发、市场营销、融资方法、人力资源管理等内容。通常采取的教育手段以课堂教学与创新创业竞赛相结合的方式为主。在课堂教学中，要更加注重案例教学、实验教学，提高学生的感官认知和思考问题、解决问题的能力。在创新创业竞赛方面，除带动学生积极参与国家、省、市等举办的各种创新创业竞赛外，校内也要定期举行各种形式的创业计划大赛，激发学生的创业热情，并为学生后续的创业实践打好基础。

第三学年是创新创业教育的关键阶段。基本教育目标是提高学生创业实践能力，尤其是发现、培育一批创业愿望强烈和创业素质完备的学生，将其作为重点培养对象。可以利用创业项目开展创业教育，该阶段创业教育与专业教育的融合主要是在实践中体现，即鼓励并引导学生参与到与自身专业相关的创业项目中。通常的教育手段可采取“项目 + 工作室 + 实习”三者相互结合的方式。同时，以学校层面加强与企业的合作，建立校外实习基地，鼓励学生到企业实习。

在学生毕业后，学校对开创企业的毕业生继续进行教育、咨询和创新创业服务。基本教育目标是尽可能为初创毕业生提供所需资源，给予必要的创业辅导，尤其是提供专业技术支持，鼓励他们积极与学校合作，接收他们重新回到学校、回到课堂接受创业教育。对于学校而言，应该加强跟踪分析，除提供一定帮助外，还要从他们的创业实践中获得经验启示，运用于学校创业教育。

（二）教学方法

获取知识的方式影响着运用知识的方式。创新创业教育是一种发展性教育，他重视学习过程，尤其是思维过程。因此在课程教学中要突出学生的主体地位，强调大量的实践操作，教师通过问题情境的创设，给学生营造丰富的问题情景，让学生通过一系列思维加工、自主探究，发展自己的创新思维和能力，引导学生自己独立探究，获取知识，形成结论，了解规律，发现真理，进而应用知识。这就要求在教学中大量使用案例教学法、项目教学法、启发式教学法、体验式教学法等，倡导让学生多进行案例讨论和情景模拟。这些灵活的教学方法，可以提高学生参与度，激发学生的兴趣，对知识的学习也更直观、更形象、更具启发性。多采用呈现式、发现式、讨论式、和创造式等开放的教学方式。并且在案例选择上，教师应该更多的选用知名企业、新近发生的，以增加案例的吸引力。在实践教学中，则可以突破课堂的范围，进入实验室、企业、创业园等让学生进行角色体验过程体验、环境体验。教学中教师要注意营造宽容、宽松、和谐的教学氛围。教师应从知识与创新能力的关联出发，合理组织课程类型和形式。

（三）学习方式

除课堂教学外，创新创业教育开展还应有丰富的学习方式，加强网络共享课建设，拓宽创新创业教育自主学习渠道。通过建设更多的网络共享课，可以丰富教学资源，给广大师生搭建更多的学习平台。目前国内慕课微课建设方兴未艾，创新创业教育应该利用这个途径。具有优质创新创业教育资源和经验的高校应多制作和开放好的网络共享课，各高职院校引进其他院校的优质课程。在线共享课程应该提供每门课程的课程大纲、学习资料、考核要求、推荐书目等信息，并建立线上讨论区和线下辅导服务。还可以对线上课程学习成果进行认证，线上学分可以纳入学生对应课程考核指标。

三、“多元贯通式”创新创业教育人才培养模式的组织结构及运行

（一）促进校企政紧密合作

美国一流大学创新创业教育的外部组织结构多采用“三螺旋”模式，如美国麻省理工学院。在中国高职院校建立创新创业教育人才培养模式过程中，可以借鉴这一组织模式，但中国有中国的国情，因此这种借鉴是有选择的借鉴。“三螺旋”是指高校—企业—政府三方在创新创业教育中密切合作，相互作用，同时每一方都保持自己的独立身份。而在三者的互相合作中，每一个机构保留自己独特身份的同时，他的个体功能也得到了放大。而“三螺旋”的组织原则，在于期望学校在社会中能够起到更大的作用，成为“三螺旋”的核心。在我国的高职院校创新创业教育人才培养模式中，外部组织结构同样是政府、企业、学校三方。学校是这三方组成的“三螺旋”结构的核心。他为国家培养人才，为社会提供技术服务。政府是国家政策的制定者，同时也是监管人。企业从事的是生产活动，它既是经济发展的动力，又为学校创新创业教育提供实践场所。三方应建立紧密的互动关系，才能有力推动创新创业教育的发展。学校从政府和企业获得资金支持，还与企业签订合作协议，获得实践资源等一系列支持。同时学校利用自身优势为政府、企业输送人才和技术成果，以此来服务区域经济发展。政府应该成为三方合作的主导者，积极引导学校与企业和政府之间形成良好的合作互动关系。当三方合作出现问题时，能起到协调的作用。在创新创业就业实施过程中政府应负责争取资金支持，协调各类资源，举办创新创业大赛和为学校创新创业教育提供政策保障、奖励创新创业教育相关研究成果，如论文专著

等，及奖励技术研发成果，营造良好的创新创业社会氛围。企业可以为高校提供人力资源、实训平台、信息资源等。双方经协商形成合作关系，企业可以为学校提供技术研发资金支持，同时所得研发成果交由投资企业实现技术市场化，并进行商业运作。企业可以从学校获得智力支持，学校也可以为企业进行订单式人才培养。而政府为了促成校企合作，也要给予企业政策倾斜和税收优惠等，夯实校企合作的基石。

（二）完善学校管理机制

教育措施除了对持续和成功的创造力必不可少外，其非常重要的作用可以归于其组织化因素。他的目的是保证主体的高效率以及维持其高度创造力的心理状态。创新创业教育的实施和正常运行，需要依赖完善高效的组织结构来支持。总体来说，可以设立创新创业学院和管理服务部两大职能部门，来满足高职院校创新创业教育实施的需要。

第一是建立创新创业学院。目前，国内已有一些高校成立了创业学院来实施本校的创新创业教育。在“多元贯通式”创新创业教育人才培养模式中创新创业学院主要负责以下几项事务：①负责创新创业教育的学术研究，包括创新创业政策、创新创业教育实践、创业管理等；②负责全校学生创新创业教育课程的教学工作；③负责制定各专业创新创业教育人才培养方案、教学计划、评价方式等；④负责学会创新创业竞赛和创新创业项目的申报、管理和指导；⑤为所有专业教师提供创新创业教育知识培训。

第二是创新创业教育的管理服务部门。该部分可以单独设立，也可以由就业服务指导中心承担，主要负责整合资源，更好地为创新创业人才培养服务。创新创业教育管理服务部门主要负责以下事务：①为新发明和新技术提供专利方面的指导，从专利评估，专利申请，最后到专利保护。帮助发明人进行专利保护，目的是更好地保障广大师生的权益。②发明公开。发明者需要向管理服务部门提交与发明相关的所有材料。这些资料必须能够证明此项技术或此项发明确系该发明人研制，拥有所有权。管理服务部门要求根据发明人提供的材料，对发明进行评估，但要求该部门在未完成评估之前，必须对发明进行保密。经评估确认发明的有效性后可继续公开发明的过程和技术转换的必要环节。③发明评估。管理服务部门责成相关部门对发明者上交的所有材料进行审查，同时进行专利检索。如果专利确属新发明，并有应用价值，则进一步分析该发明是否具有市场竞争力，技术如何，最后评估该发明的商业价值和商业潜力。过程中管理服务部门会向发明者提出建议。发明者可以科学地判断是将发明进行技术转让，还是自己创立企业更合理。④负责与政府和企业的联络沟通。⑤负责联系企业，为学生和教师提供实训场地。并努力获取创新创业教育资源。⑥为学生创业提供咨询指导。包括相关法律问题咨询，信息推送等。⑦建立与其他院校的联系，促进双方交流合作。⑧落实创业扶持政策。⑨建立并管理学校创新创业人才校友联盟。

第三是加强师资建设，打造优质创新创业教师队伍。创新创业教师是实施创新创业教育的关键所在，他的水平高低也决定了创新创业教育的质量，教师的水平直接决定着教学效果的好坏。因此，加强师资队伍建设，培养一支高水平、高素质、能研究、懂实践的创新创业师资团队尤为重要。高职院校创新创业教育教师团队应该由两部分组成。一部分是专职教师，也就是高职院校在职的从事专业教学的教师；另一部分是企业兼职教师，他们主要来在企业。创新创业教育师资队伍建设主要从这两类教师的角度着手进行。

1. 专职教师

（1）针对专职教师而言，除了要继续加强自身的业务学习，主要还应着眼于实践水平和创新创业指导水平的提高。要从理念上统一认识，让广大教师明确创新创业教育的重要性和紧迫性。教师必须拥有创新意识，才能在教学中向学生传达创新创业教育的理念。高职院校应多次组织全体教师会议、创新创业教育讲座等形式传达和宣传创新创业教育的理念，并让教师对学校实施创新创业教育人才培养模式的整体规划了然于心，才能从全局的高度理解创新创业教育。

（2）学校要制定科学系统的培训计划和培训方案，丰富培训内容，使用多种手段和方法上好创新创业教育教师培训课。一方面，组织教师参加各级别专题研究会议、论坛和创新创业教育培训活动，帮助教师了解更多的创新创业教育知识和学科前沿以及研究现状。同时也有助于教师减少教学中的错误，学习到更多更好的教学方法。另一方面，学校要组织教师分批次、分时间深入企业，了解行业发展现状和发展需要，提高教学活动的实效性。也可以请企业的管理者或者具有丰富实践经验的技术人员到学校来与教师组织讲座或座谈会，使创新创业教师的教学能力进一步提升。

此外还应拓宽培训途径。学校除了实行“请进来，走出去”的教师培训方式外，还可以充分利用国培省培的培训机会，让广大教师都有机会接受创新创业教育培训。另外，目前国内网络公开课发展迅猛，微课、慕课形式多样，但创新创业教育培训课并不多。相关部门和创新创业教育示范性院校应加强网络公开课的建设，引进国外优秀网络课程资源并建立线上讨论场地，给教师提供一个交流和自主学习创新创业教育知识的平台。

（3）充分挖掘和利用创新创业教育导师库资源。2016 年 2 月底，教育部办公厅发布了关于《建设全国万名优秀创新创业导师人才库的通知》，在这一文件指导下，各省市组织开展了创新创业导师的遴选工作，建立了创新创业教育导师人才库，为各地区各院校师资队伍建设提供了发展的平台。高职院校也可以创建自己的创新创业教育人才库，充分发挥创新创业教育导师的积极作用。

（4）高职院校教师也可以受聘到企业中去，参与企业运行或技术研发等工作中去，既可以提高教师自身的实践能力，又为企业提供理论和技术支持。与企业的良好互动对于推动创新创业教育无疑是作用巨大的。

（5）建立激励机制。首先，任何有益的行为都是需要强化的，因此必须建立合理的激励机制，才能保障创新创业教育的顺利实施。学校可以设置创新创业教育和创新创业成果专项基金，对致力于创新创业教育研究和教学、获得创新创业大赛奖项或取得创新创业成果的教师和学生给予奖励。其次，高职院校可利用学校主页、校报、公众号等宣传工具，或召开专门的表彰大会，表扬创新创业业绩突出的师生。再次，将创新创业教育考核纳入教师绩效评价指标，将其与职称晋升、职业发展挂钩。

2. 兼职教师

学校应聘请优秀的创业企业家，尤其是本校校友或技术创新方向的专家担任学校的兼职教师或客座教授。既可以培训教师，也可以直接指导学生和学生创新创业项目。如有条件，最好安排兼职教师承担部分实践性强的专业课程，这对学生的实践能力提高是有效的途径。同时兼职教师也应该纳入高职院校创新创业教育导师库，完善导师库应用机制。

总之，创新创业教育人才培养是一个庞大而复杂的系统，如果没有有效的组织结构，这个系统是无法运行的。他需要外部组织和内部组织共同起效，才能保证人才培养的有序运行。专门的创新创业教育教学机构和管理服务机构的建立，可以将创新创业教育有效推行并能实现将其融入人才培养全过程。

四、“多元贯通式”创新创业教育人才培养模式的实践体系

创新创业教育具有实践性特征，实施创新创业教育需要通过组织创新创业实践活动、搭建创新创业实践平台，让学生参加实践环节，以达到学以致用、累积经验、锻炼能力、培养素质的目标。这就要求要将理论教学与实践教学紧密结合，为学生搭建创新创业教育实践体系。

（一）校内实践平台

在校内实践平台的建设上，每个专业都应有在自己的实训场所，学生可以在校内实践平台进行实验教学、专业技能训练和实习见习等。同时，学院还应该加大实践平台建设投入，建立创业园、创业孵化基地，为学生提供资金、场地、设备等支持及必要的创业指导。各类创新创业实践园区的建设对创新创业教育的开展都非常重要。它让学生可以按照真实的市场运行的规律去经营管理企业实体，是大学生创新创业能力提升的最有效途径。相关部门还应做好政策传达、信息推送、政策咨询和创业项目跟踪服务等工作。

（二）校外实践平台

校外创新创业教育实践平台的拓展，主要是通过拓宽渠道，整合社会资源，寻找合适企业签订大学生就业创业基地，帮助学生开发更多的社会资源，使其有更多的机会接触社会、了解社会、服务社会，也能够在数次的历练中实现自我素质的提高。创新创业教育离不开良好的社会环境支持。学校加强与企业的联系合作，可以为学生提供更多的社会实践机会，让学生能够更直观的了解企业，参与企业事务，了解企业运行过程。学校还可以根据专

业开设的需要，从专业发展前景考虑创办自己的实体、校办企业或工作室。这样的企业或工作室一方面可以为学校带来经济效益，又为专业学生提供实习实训地基。专业教师也可以到企业或工作室中进行定岗实践。

高职院校应加大投入，改善实践环节的软硬件条件，努力建设实验室、实训基地等，争取与政府、企业共建功能完备、优势互补的实验室、实训基地、技术研发中心等。在创新创业教育过程中，学生可共享学校的各种实践条件，可使用各种创新实验室、实验教学示范中心实习训练中心和实验教学平台等。资源需是免费开放的，为创新创业教育的开展提供了便利。同时学校也可以校际间进行资源共享，达到优势互补、节省资源、共同发展的目标。

在实践平台硬件建设的同时，也要注重实践教学的软件建设。教师在指导学生进行创新创业教育实践过程中要时刻注意培养学生的综合素质以及创新精神、坚忍不拔的品格。在团队完成项目的过程中，培养学生的团体意识、协作精神、社会责任感，是学生成长为技术过硬、品格高尚的高素质人才。

（三）第二课堂

第二课堂可以作为创新创业教育第一课堂的有效补充。它有着灵活性强、自主配置资源、可广泛整合资源等优势。通过开展丰富多彩的第二课堂活动，也为学生搭建了自我展示的平台，可以激发学生的创新兴趣和创业激情。可以说创新创业教育对第二课堂的覆盖更有利于学生综合素质的提高，更符合素质教育的内涵。创新创业教育的实施途径应该是多元化的。第二课堂是创新创业教育发展的有力助推器。要想更长效地发挥作用，必须将创新创业实践纳入教师学生的评价体系，来激发师生的兴趣和热情。丰富多彩的第二课堂活动也是创新创业教育校内实践的载体。学校应举办形式多样、内容丰富的活动和与专业技能相结合的各类技能竞赛，如 ERP 沙盘模拟大赛、导游大赛、计算机设计竞赛、大学生创新创业知识竞赛等。学生在参赛过程中既要对竞赛技能进行大量的训练，又在参与的过程中进行团队组建、项目选择、组织安排、赛后总结等事项，既锻炼了学生自己解决问题的能力，又提高了实践能力。第二课堂的活动非常丰富，有各国家级、各省级、市级、校级创新创业大赛和各类创新创业讲座、论坛，各类职业技能大赛。也可以让学生参与到教师的创新创业研究项目中。这些活动的参与能培养学生创新创业的意识，提高社会责任感，提高创新创业综合素质和能力。通过各项校园文化活动，学生亲身参与，可以更深入地认识创新创业教育，并从中获得启迪。经过锻炼，学生可以提高自己的综合能力，包括组织协调能力、团队写作能力、社交能力、创新能力等。在第二课堂中应开展创新创业讲座、创新创业知识竞赛，举办创新创业文化及成果展示等活动，让更多学生亲身参与，使创新创业文化活动更加丰富多彩，创新创业教育氛围更加浓厚。这些活动也可以使学生将理论付诸实践，在实践中不断成长提高。

特别值得一提的是创新创业大赛的举办。现在国家级、省级、市级的相关赛事每年都会举行。大部分院校也组织了校级创新创业竞赛或创新创业方案竞赛等。但校级的创新创业大赛一般有随意行强、缺乏专业指导、好的创意无法市场化等缺点。高职院校应更加重视校级创新创业大赛的开展，为更多的学生和团队提供机会，锻炼自己。同时选拔好的项目创意参加更高级别的竞赛，争取让更多的好人才好项目脱颖而出，已取得更多的创新创业教育成果。

五、“多元贯通式”创新创业教育人才培养模式的质量评价体系

高职院校实施创新创业教育必须有科学的质量评价机制对创新创业教育行为予以规范。教育质量评价拥有及时发现问题，反馈问题，监控教育实施过程，检验教育成果并考量培养目标完成情况的作用，从而有效保障创新创业教育的质量提升。随着创新创业教育实践的不断深入和教育模式的升级，创新创业教育的质量评价体系也要相应做出调整，这种评价既包括对学生创新创业素质的评价，也包括对创新创业教育的组织、实施过程的评价。

（一）构建高职院校创新创业教育质量评价体系的原则

（1）多元化原则。多元化评价体现在评价方案中评价主体、评价内容、评价标准、评价方式的多元化。因为创新创业教育是多主题参与、多维度实

施、动态发展的，评价方案的多元化才能保证评价的科学、客观、全面。

（2）动静结合原则。创新创业教育实施是一个动态的人才培养过程，但是其呈现的是静态的教育成果，这就决定了评价体系的构建需要将动态评价与静态评价结合。在创新创业教育质量评价方案的制定上，注重纵向比较，充分考量教育发展成效。动态评价还体现在对教育质量评价的长期性上。因为学校教育是后效的，它的作用通常要经过数年，甚至数十年后才能显现出来。国外有所谓后效性评价，即由学生毕业后走向社会，对社会的贡献大小作为评价标准，并反馈给学校，作为学校教育是否成功的表征。因此应做好毕业生跟踪调查，将毕业生后续成果纳入评价范畴。

（3）激励性原则。对创新创业教育进行评价的最终目的是提高人才培养质量，培养人是创新创业教育工作中的中心。因此评价方案的制定应当首先对老师的教学和科研起到激励作用，使教师获得自我实现，形成提高教学水平的内驱力；其次可以激发学生创新创业热情、积极投入创新创业实践中，主动提高自身创新创业素质；再次可以激励创新创业教育相关组织积极投身到创新创业教育的组织、运行、服务、保障工作中去。

（二）高职院校创新创业教育质量评价指标

“多元贯通式”创新创业教育人才培养模式的评价方案共有四个评价项目，构建了包括 4 个一级指标，13 个二级指及若干更为详细的三级指标的评价体系。如表 8－1 所示。

表 8－1　“多元贯通式”人才培养模式质量评价指标体系

一级指标	二级指标	三级指标
组织管理	机构设置	建立专门创新创业教育组织管理机构
	制度制定	创新创业教育人才引进制度、创新创业成果奖励制度、创新创业资金使用制度
	人员配备	定岗、定责（岗位职责）
	运行情况	创新创业教育人才培养方案执行情况、创新创业成果转化率
	创新创业活动组织情况	创新创业活动组织频次、创新创业奖励发放金额及人次、创新创业类社团数量
教学质量	创新创业课程开设	创新创业类课程开出率、创新创业教育与专业教育融合情况、创新创业教育与专业教育融合情况、创新创业实践课程总学时数
	创新创业师资力量	学历结构、专兼职比例、教师参加创新创业教育培训人次、教师参加企业实践人次、教师获得创新成果及创新创业教育研究成果、学生满意度
	创新创业实践平台建设	校内创新创业实践基地建设情况、校外创新创业实践基地建设情况、创业孵化园接收学生项目数量、企业与学校共建创新创业项目数量
教育成果	创新创业意识	具有创新精神、创新意识的学生比例、创业作为职业规划的学生比例、创新创业课程出勤率、创新创业活动参与率
	创新创业能力	创业成功率、创业创造岗位数
	创新创业成果	创新创业大赛获奖情况、科技创新成果数量、发明专利数量
保障条件	政策保障	政府面向学校、企业、学生出台创新创业教育扶植奖励政策数量、落实情况，学校制定创新创业教育相关政策数量
	经费保障	创新创业教育经费占学校教育经费总支出的比例、建立创新创业项目基金数量、对创新创业活动经费投入情况

第九章　创新创业背景下高职院校师资队伍建设

第一节　高职院校师资队伍建设存在问题分析

一、高职院校“双师型”专业师资队伍建设的观念有待更新

俗话说：“观念一变天地宽。”观念是行动的先导，是活动的灵魂。只有在科学的教育理念指导下，高职“双师型”专业师资队伍建设才能符合发展规律，实现科学发展。当前在队伍建设中客观存在着一些不合时宜的观念已经成为我国高职院校“双师型”专业师资队伍发展壮大的“拦路石”。

首先，一些高等职业院校对“双师型”教师的基础性问题认识不足。早在1998年，我国《面向21世纪教育振兴行动计划》就提出要建设“双师型”教师队伍，但由于对“双师”的界定不同、认识不同，自然使得不同的学校在进行“双师型”师资队伍建设时所设立的目标不同。有的学校认为“双师”即“双证”，鼓励教师多考证，甚至出现基础课教师也考行业技能证的现象；有的学校认为“双师”即“双能”，一味忙于安排教师参加教育部培养培训基地的培训，到企业参加顶岗实践，将培训作为“双师型”师资队伍建设的关键；还有的学校视“双师”为“双元”，即要通过发展兼职教师队伍来丰富专业教师队伍，甚至将从校外聘请的公共课教师也纳入兼

职教师之列，以形成专任教师与兼职教师共同组成的“双师型”师资队伍，等等，如此说法层出不穷。这种对高职“双师”认识的模糊性已经直接干扰到师资队伍的建设，造成了各高职院校的专业师资的整体水平和“双师型”教师个体水平的参差不齐。

其次，部分高职院校专业教师的教育理念故步自封。我国现有高等职业院校是经过“三改一补”而来，一部分专业教师是由原来的中等职业教育学校或成人学校跨入高职教育的行列，他们仍旧沿袭中职教育、成人教育的观念、模式，对高职教育的认识不足，不能准确把握高职教育的内在规律，不能及时适应现代高职教育发展理念，陷入了自身发展的思维困境；还有一部分专业教师“重知识理论，轻实践工艺”的传统思维根深蒂固，他们认为教师的本职工作是教学，没有必要走进车间，参加一线生产实践，即便是在学校的硬性要求下参加实践，也多是走形式，谈不上真正地提高能力。这些教育理念显然不能适应高职教育的发展，跟不上时代的步伐，不利于高职专业师资队伍的建设和发展。

二、高职院校“双师型”专业师资队伍建设的结构有待优化

专业师资队伍结构的合理与否关系到高等职业院校的长远建设和发展。为了高职教育的持续发展，高等职业院校必须把建设一支结构合理的“双师型”专业师资队伍放在重要的位置上。就目前而言，我国“双师型”专业师资队伍无论是从年龄结构、职称结构还是学历结构等方面都未能满足大力发展高职教育的现实需求，有待进一步优化。

（一）师生比例明显过大

从 1998 年到 2005 年，我国高职高专的招生数从 54 万增长到 268 万人，在校生人数也由 117 万增长到 713 万，增加了 5 倍。2005 年底我国高职院校共 921 所，2006 年 981 所，2007 年 1015 所，高职教育的学校数逐年攀升。2008 年，全国中等职业教育和高职教育招生规模达到 1100 万人，在校生超过 3000 万，分别占据了高中阶段教育和高等教育的半壁江山，实现了我国

教育改革发展的“一个突破”。

相对于高职教育规模的迅速扩张，高职专任教师数量虽有增长，但仍显得相对不足，即使是“国家示范性高等职业院校建设计划”立项单位的平均师生比也仅达到1：20.1，与教育部“十五”间全国高等学校平均当量师生比要达到1：14的标准也仍有较大差距。

而相较之下，高职师资中，“双师型”师资数量缺口更大，师生比较高，问题更为突出。教育部《高职高专人才培养工作水平评估方案》明确要求专业基础课和专业课中双师素质教师比例应达到50%才能合格，达到70%以上即为优秀。但调查显示，河北省近年来升格的3所高职院校具有双师素质的教师占专任教师的29%，陕西省8所中专转制类高职院校的双师素质教师占专任教师总数的22%，云南省抽样调查的10所高职院校，其双师素质教师占专任教师的比例为26.7%，安徽省合肥市5所高等职业学院的双师型教师比例为22.86%。

与此同时，作为“双师型”专业师资队伍特色组成部分的兼职教师数量也显著不足。在德国，职业学院的专职教师占35%至50%不等，其余大部分是来自企业的兼职教师，他们既有深厚的理论功底、也有丰富的实践经验，是应用性课程的主要教授者。然而，我国高职教育仍以专职教师为主体，兼职教师的比例尚且达不到《高职高专人才培养工作水平评估方案》中规定的合格要求，即兼职教师数占专业课与实践指导教师合计数之比达到10%，也就谈不上是否能达到优秀（20%以上）标准，更谈不上与发达国家占有50%~70%的兼职教师比重相比。

现实表明，我国“双师型”教师的数量远远没有能够达到教育部的要求，未能满足高职教育的现实需求，数量缺口问题日趋突出，师生比例问题亟待改善。

（二）年龄结构不尽合理

年龄结构是指师资队伍中各不同年龄教师数量的构成情况。它的合理与否反映了该师资队伍的活力、发展后劲及梯队建设的基本状况。当前许多高职院校专业教师队伍出现两头重现象，一是年轻教师比例过大，一是聘请的退休专家比例过高，往往严重缺乏年龄层次在40~55岁之间能够担当教学与科研重任的骨干教师或学科带头人。其中“双师型”教师亦是如此。

（三）职称结构严重失衡

职称结构是师资队伍中各不同层次专业技术职务的教师数量的构成情况。2005年，我国普通本科院校专任教师中高级职称的比例为42.6%，而高职院校中高级职称的比例则不足30%。以云南省为例，在云南“双师型”教师评定标准及管理机制研究课题组抽样调查的15所高职院校中，“双师型”教师具有副高及以上职称的教师仅占19.44%，初级职称和无职称者占50.35%。高级和初级比例的严重失调使得高职院校的教学质量和执教水平都难以得到保证，高职教育培养高质量专门应用人才的需求也难以得到满足。

（四）学历层次普遍不高

高层次人才的数量和质量是衡量师资队伍整体素质的一项重要指标。教育部在关于加强高职（高专）院校师资队伍建设的意见中提出，到2005年，获得研究生学历或硕士以上学位的教师应基本达到专任教师总数的35%。但就现有资料显示，云南省的10所高职院校的“双师型”教师中，专科学历教师已经不多（4.47%），本科学历教师最多（74.12%），但研究生或硕士学位及以上的教师明显偏低（21.41%）。在2007年安徽省的一组调查数据中，“双师型”师资中具有大学本科学历占专人教师的85%，具有硕士及以上学历的教师仅占7.14%，距离教育部规定的合格（15%）和优秀（35%）标准尚有着较大差距。而与发达国家的高职教育教师学历要求相比，我国高职师资的学历结构问题更进一步凸显出来。例如，德国的职业学院教师均需达到硕士学位，英国要求其专职教师要达到硕士以上学位，在日本，在职教师多为硕士及博士，其学历要求均明显高于我国。可见，提升我国高等职业院校专业师资队伍的学历水平势在必行。

三、高职院校“双师型”专业师资队伍建设的培养有待加强

教师的成长和培养是建设一支高素质教师队伍的关键，直接关系到学校

未来的发展。我国高等职业院校“双师型”专业师资培养起步较晚，当前的师资培养在职前培养、继续教育、培养资源等诸多方面的状况一定程度上尚未能适应高职教师专业化水平提升和高职教育快速发展的现实需求。

（一）职前培养机制尚未建立

教师的培养是一种制度化的活动。不同教育类型的教师有不同的培养特点，不同发展阶段的教师的培养也各有差异。在德国，高职教育的专业师资培养拥有一套完整的培养培训体系，而且采取严格的国家考试制度进行入口把关。就职前的培养可以分为两个阶段：

第一阶段是进入大学教育阶段，学习 4 ~ 5 年，选择一个主修专业和副修专业。学习内容包括职业技术学专业课程、普通文化课程以及社会科学、专业教育理论、教学实践课程，三部分的课时比例约为 2∶ 1∶ 1，总课时约 2300 学时。这一阶段结束时，学生必须参加第一次国家考试，考试由各大学的考试委员会主持，内容包括职业教育专业（包括专业教学法）、普通教育副专业、考试资格论文、教育学（包括职业教育学）、心理学等。

第二阶段为考试合格者方能进入，即取得见习教师资格进入为期 2 年的教育实习阶段，又称为教育准备阶段。这一阶段，实习生不仅要继续参加大学研讨班活动，每周用 1 天时间去教育学院学习教育学、心理学等方面的课程，还要在指定的职业学校实习，完成相关教学任务。实习结束时，学生参加第二次国家考试，主要考核专业知识和教育教学能力、教育学、心理学、专业教学法、学校法以及公务员法等方面的内容。只有通过了第二次国家考试者方能获得教师资格证书，走上教学岗位。如此严格的培养过程，为德国职业教育打造了优质的专业师资队伍，奠定了教育教学高质量的稳固基础。而一直以来，我国高职教育的专业教师多为各类高校毕业生、企业技术人员等，来源多元化，且均为“半路出家”，距离“双师”素质标准差距较大，问题较多。

应该说，我国专门化特色化的“双师型”教师的职前培养机制尚未建立起来，缺乏规范完整的师资培养计划，缺乏职业教育方向的师范教育。而这一职前培养机制的缺失已经严重阻碍了高职专业教师的专业化进程，使得“双师型”教师的职前培养缺乏了最有效的渠道。

（二）继续教育机会远不充分

“双师型”教师的培养要求职业性、应用性，是一个长期习得的过程，需要提供充分的继续教育。仍以德国为例，德国以法律的形式规定，职业教师参加进修培训是一种必须履行的义务，即职业教师参加工作后，还必须进行被称为“第三阶段的师资培训”的继续教育，这种教育有规范的激励措施、具体的操作办法和系统的进修内容。

然而，在我国，“双师型”教师是否有机会参与在职继续教育的问题上，调查结果并不乐观。“双师型”教师中，认为学校在培养或引进“双师型”教师后对其进行继续培养与培训的情况乐观的仅有 13.43%，且与非“双师型”教师相比，认为培养培训机会“多很多”的仅占 4.95%，“略多”的占 9.54%。学校经常选拔“双师型”教师参加培训的只占 20.84%，尚有 20.24% 的学校从未选拔教师参加各类培训。从上述情况可以看出，目前，高职院校“双师型”教师的继续教育工作并未做到位，培养培训机会远不充分。

（三）培养培训资源有待挖掘

充足的培养培训资源是“双师型”教师的培养培训顺利展开的基本物质基础。目前我国“双师型”教师的培养培训资源较为有限。首先，教材资源匮乏，难以满足教师素质提升的现实需求。一方面，现有教材多为上级部门统一规定，不能适应“双师型”教师的多样化需求，另一方面，一些学校尝试性的自编教材特色不够鲜明，实践性和实效性也很有限。其次，现有的基地设备资源陈旧老化，培训项目滞后，不能满足“双师型”教师实时进行职业技能实训的迫切要求。最后，在经费资源上，随着高职教育生源规模的不断扩张，基础设施不断告急，高等职业院校的教育经费已无暇顾及“双师型”教师的高额培训。这些资源的紧缺，使得“双师型”教师的培养培训质量远远得不到保证，更妄谈要满足“双师型”教师保持先进性和竞争力、实现专业化发展的需求。

四、高职院校“双师型”专业师资队伍建设的制度有待健全

随着学习实践科学发展观的深入，实施科学管理、人本管理，构建高效开放、充满活力的现代大学管理制度，已经成为推进大学事业科学发展的关键环节。在高等职业院校“双师型”专业师资队伍建设中，现有管理方面仍不可避免地存在着一些与高职教育办学目标和高等职业院校专业教师全面发展、专业发展不和谐的音符。

（一）师资管理体制不科学

诸多关于高职院校“双师型”专业师资队伍管理状况的调查资料显示，学校管理缺乏人性化的问题最为突出。一些院校至今仍旧实行“罚款式管理”，以罚款为手段来管理和控制“双师型”教师的行为规范。某职业学院专业课教师就提出：“对教师的管理不仅要有严格的规章制度，还应体现在对教师个性的理解和尊重，为教师提供实现自我价值的机会，满足教师的成就感。只有充分信任和尊重他们，创设民主、和谐、宽松的教学氛围，为教师提供一个创造性发挥教育智慧的空间，才能最终实现教学管理的目标，才能使教学工作生机勃勃。”构建科学合理的“双师型”师资管理体制不是一蹴而就的事情，而是一个不断调整和补充的过程。但这种人性化的诉求是教师的心声，是调动教师发展积极性和主动性的根本，也更是高职教育管理亟待改善的重要问题。

（二）兼职教师管理不规范

聘请兼职教师是提升高职教育教学质量，优化高等职业院校“双师型”专业师资队伍结构的重要途径。一直以来，“聘什么人为兼职教师”，“怎么聘”，“按什么比例聘”等问题受到广泛关注和探讨，然而“聘进来怎么管”的问题却被忽略。如今，重聘任、轻管理的现象逐渐暴露，并在一定程度上影响到兼职教师在推动高职教育发展中的积极作用的充分发挥。一方面，院校对兼职教师的聘任方式过于灵活，不受固定编制约束，没有全面的考核评审，往往只考察其实践能力，而对其教育教学等能力的把关不严或是不予重

视；另一方面，兼职教师本身薪酬待遇高，且不脱离原工作单位，在没有具体的管理规范约束下，多数对教学工作不够重视，时间和精力安排有限，教育教学质量难以得到保证。

（三）职称评审政策不配套

有效合理的高职职称评审制度能够以竞争的形式促成师资资源的优化配置，为高职教育的高质量提供坚实的保障。当前，我国职称评审以理论教学、理论研究为考量重点，以研究水平和能力为考察指标，侧重于理论研究成果的达标，忽视了“双师型”教师的自身特色，即重应用性和技术性，在导向上有所偏差。

在这一职称评定体系的“指挥棒”下，“双师型”教师不仅要承担繁重教学任务，还要投入大量精力开展学术研究、完成论文和专著，往往无暇顾及专业实践活动和个人的专业发展。长此以往，不仅科研业绩成为“双师型”教师职称提升的瓶颈，影响其自身的职业发展，而且还将出现“双师型”教师“能讲不能做”的尴尬现象，不利于高职教育办学质量的全面提升。

（四）绩效评价制度不完善

绩效评价是合理配置人力资源的基础，是衡量各岗位人员是否胜任的标尺，也是实施激励措施的必要环节。而目前我国高职教育在对“双师型”教师胜任力的衡量评价上存在一定的缺陷。

其一，评价目的不明确。部分院校在评价时流于形式，主抓年终评价，并以此作为评奖评优的唯一依据。如此为了评价而评价，必然影响到对教师整体评价的全面性和客观性。

其二，评价指标一刀切。“双师型”教师与非“双师型”教师、专任教师与兼职教师等所属类别不同，其评价的指标也应有所区别，但现有评价指标实行“大一统”，对不同类别教师的考核体系无差别，有失公平公正。

其三，评价形式单一化。高职院校实施教师评价多是坚持定量评价和定性评价相结合的模式，其中定量评价即学术成果等硬性指标，基本固定，而定性评价主观性强，易受人为因素干扰，多成为考察教师与同事、学生之间人缘状况的“晴雨表”。

其四，评价结果无反馈。当前，诸多高等职业院校对“双师型”教师的评价成为事实性的“暗箱操作”，评价结果得不到及时的反馈，受评教师无从知晓自身的弱势与不足。这就直接导致评价在帮助教师提升绩效、素质、能力等方面的机制与作用得不到充分发挥。

（五）师资流动机制不健全

人才流动是人才在地区、行业、岗位等方面的变动。合理的人才流动是一个地区、一个行业、一个单位发展的动力和活力所在。同样，这种流动也是高职教育和高职院校发展的必要手段和措施。

高素质“双师型”教师流失有其共通之处，即流失状况严重的往往多是经济欠发达地区的教师，多是中青年骨干教师，多为计算机、通信等与经济发展密切相关的热门专业教师，而且流失的教师基本是向着经济发达地区或经济效益更加优越的企事业单位而去。

除此之外，高职院校“双师型”师资队伍中还存在着潜在的、隐形的师资流失。这部分流失是指那些在校任教的同时尚有副业的“双师型”教师，他们往往将部分甚至是主要精力集中于非正式渠道进行的授课、提供咨询服务等能够增加经济收入的兼职活动之中。实践证明，这一问题已经成为高职教育发展路上的“绊脚石”，必须予以重视。

第二节　创新创业教育对师资队伍能力和素质的要求

我国著名学者林崇德认为教师素质是“教师在教育教学活动中表现出来的，决定其教学效果且对学生身心发展有直接而显著影响的思想和心理品质的总和”。高职教育作为高等教育的重要组成部分，为生产、建设、管理、服务第一线培养高级应用型人才，这决定了高职教育师资队伍建设的特殊要求。它要求从事高职教育的教师不仅需要具有本专业扎实的理论知识和丰富的教学经验，而且必须具有较强的从事本专业对应职业的实际工作能力。高职教育所具备的素质应较普通高校教师更为广泛、多元与专门化。

周谈辉教授曾就一个理想的职业教育专业师资所具备的素质归纳为以下几个方面：①专业精神与专业道德；②专业知识的能力；③专业技术的能力；④教学能力；⑤教材规划、设计与编制的能力；⑥教学测量与评价的能力；⑦职业教育的专业能力；⑧人际关系及技巧的能力；⑨上场与课堂管理的能力等方面。

从矛盾的普遍性和特殊性关系来看，“双师型”教师是高职院校师资队伍的特色之一。高职院校的“双师型”教师除了应该具备普通高等学校教师的共性素质外，还应具备一些特殊的素质，如理论与实践相结合及其教育转化能力等，其知识储备更为全面。

一、“双师型”教师的基本素质要求

（一）较高的思想政治素质

作为一名高职教师，要树立正确的教育观和终身学习的思想观，具有高度的责任心和使命感，引导学生树立正确的世界观、人生观、价值观，培养他们成为具有实用专业理论和较强实践能力的高等技术应用型人才。

（二）良好的职业道德素质

师德作为教师的职业道德，是一种道德的标准，更是一种制度的要求，师德水平的高低直接影响着所培养人才的质量，关系到高职教育的人才培养的成败。良好的师德除一般公民应遵守的道德规范外，还体现在对事业的热爱、对学生的关心爱护、对自己的严格要求。高职教育不能只向学生传授技术，还应培养学生具有良好的敬业精神、团结协作、责任心等品质，优良道德品质能使学生在将来的工作岗位上使专业技术技能发挥更大的作用。

（三）合理的知识体系

首先要有精深的专业知识和专业教师水平，只有专业基础知识牢固，专业技术熟练，及时了解专业发展动向，不断更新知识，在教学中才能及时把新知识、新方法、新成果介绍给学生。其次教师还要具有进行素质教育所需的一定的人文知识、社会知识和科学知识。在实施素质教育过程中，培养学生的语言能力、创造能力和自学能力等。最后还要有全面的教育科学知识。

教师不仅要掌握教育学、心理学等教育基础理论，还要广泛学习课程、教材、教法和现代教育技术等理论，对国外的一些先进的职教理论、实践模式认真地消化、吸收、评判。只有这样，教师才能有效地教育学生，使学生的各种潜能得到充分发挥。

（四）较强的教育教学能力

教育教学能力是指教师应具有组织实施理论教学，指导带领实践教学的能力，包括与学生交流的能力、驾驭教材的能力、课堂组织能力、课堂表达能力。技术的进步、各种教学媒体的使用使教学手段、方法更加多样化。专业课教师应尽量利用各种教学方法的优势，提高课堂理论教学和实训教学的效率，在有限的教学时间内增加信息的含量，将自己掌握的理论知识和专业技术技能有效的传授给学生。

（五）较强的科研教研能力

高职教育专业课教师应具备一定的科研教研能力，重视理论知识的研究、高新技术的开发以及在生产实践中的应用，对生产中的实际问题进行研究，提出方案进行解决，将理论研究成果尽快应用于实践，提高实践工作效率。另外高职教师还应该重视进行教研活动的开展，探求更先进的教学方法，设计更为科学合理的学科知识体系，为高职教育的培养目标服务，为高职教育的更快发展做出贡献。

（六）全面的职业综合素质

教师职业综合素质包括教师的身体素质、心理素质、人文素质和创新素质。提高教师的综合素质是一个系统工程，需要从学校和教师两个方面共同努力。学校要营造综合素质培养的氛围，鼓励教师提高职业综合素质。另外，教师本人应充分认识到职业综合素质对自身进行教学、从事专业技能操作的重要性，并投入一定的时间和精力来学习和充实自己的职业综合能力。

二、“双师型”教师的特殊素质要求

（一）熟练的专业技能和实践能力

这是“双师型”教师应具备的第一个特殊素质。高职院校培养的是服务于生产、建设、管理第一线的应用型人才，教学内容既包括客观的专业技术理论知识，也包括主观能动性较强的经验性知识和技能。

因此，高职教师首先应当掌握与所授理论课程相当的专业职业技能，了解掌握新的技术和工艺。其次，教师不仅要有一定的行业和职业的基础知识，还要有工作经验和工作阅历，即教师的知识结构中应有经验性知识和实践工作经历。例如建筑工程类的教师要有现场施工的经历和能力工商类专业的教师具有商业、管理和贸易的实践经验和资历等汽车维修专业的教师要懂得机械技术等方面的专业技能和工作经验。

（二）理论与实践结合及其教育转化能力

“双师型”教师既是从事教育教学活动的专家，又是从事行业职业实践活动的能手，更重要的是他们能将行业职业知识、能力和观念融合于教育教学过程中。因此，“双师型”教师必须具备丰富的专业基础理论知识和实践操作能力，具备把行业、职业知识及实践能力融合于教育教学过程的能力。教学中能够关注行业发展变化趋势，了解相应工作岗位对从业人员的能力素质的要求和变化，及时调整和改进教学培养目标、教学内容，运用先进的教学方法、教学手段，注重理论知识的传授和实践技能、综合能力的培养，进行专业开发和改造。

（三）社会交往、组织协调和综合管理能力

“双师型”教师既要校园内的交往与协调，又要与企业行业从业人员交流沟通，还要组织学生开展社会调查、社会实践，指导学生参与各种社会活动、实习等。“双师型”教师的接触面广，活动范围大，交往和组织协调能力就尤显重要。在具备良好的班级管理、教学管理能力的同时，更重要的是具备行业管理能力，懂得行业管理规律，并能指导学生参与行业管理。

（四）就业指导与创业教育的能力

就业指导和创业教育是职业教育的一项重要内容。加强对学生就业指导和创业教育既是从非国有经济的迅猛发展和从知识经济社会产业结构和就业结构变化加速这一特点提出的，也是从我国劳动资源和人才资源供大于求的现实来考虑的，更是由高职教育自身的特点所决定的。从功能上来看，高职教育不仅担负着学历教育的任务，而且担负着职业培训的任务，因而，其职业性更为明显。由此可见，高职教师应具备就业指导与创业教育的能力。教师要根据学生的身心特点、家庭情况、就业需求和学生成绩等方面的具体情况，帮助学生选择相应工作和创业方向。“双师型”教师应具备的特殊素质，构成了“双师型”教师素质的基本内核。

第三节　基于创新创业教育背景下教师胜任力模型的构建

一、高职院校教师胜任特征要素的理论分析

有关胜任力的研究近年来成为人力资源管理等学科领域的热点问题之一。对于高校教师胜任特征的研究，国内已有一些文章发表。如王昱、戴良铁等指出高校教师胜任特征包括以下七个维度：创新能力、获取信息的能力、人际理解力、责任心、思维能力、关系建立、成就导向。宋倩构建的高校教师胜任力模型包括认知胜任特征、人际互动、成就特征、接纳特征、师德特征、知识技能六个维度。胡晓军提出新时期高校教师胜任特征的结构模型包括知识、能力、人格三个维度。

虽然，目前国内关于高职院校教师胜任力的研究不多，但有学者对高职教师教学能力的构成进行了研究。如马必学、石芬芳基于教师团队的组织层面提出高职教师教学力的概念。认为教学力包含高职院校教师团队的自主学习能力、课程开发能力、专业教学能力、技术实践能力、技术开发与服务能力以及这些能力与教师参与的教育、教学、科研等实践活动有机结合、相互促进、共同形成的综合实力。其中专业教学能力是高职院校教师教学能力结构的核心。

高职的教学是从行动领域到学习领域再具体到学习情境下的教学活动，客观上要求教师具备的专业教学能力有：①能将专业教学与典型的职业行动（工作领域）有机整合的专业教学项目设计能力；②职业教育方法的运用能

力，教师须熟练运用适应职业教育特点的教学方法，如项目教学法、情境教学法、案例教学法、角色扮演法、仿真教学法等；③教学环境的运用与创设能力；④与企业沟通协调组织教学的能力；⑤指导学生专业实践的能力；⑥教学评价能力。

高职院校教师的胜任力与高职院校教育的定位和人才培养目标具有密切的关系。高职教育在整个高等教育体系中具有独特的定位，即：高职院校教育具有高等教育和职业教育的双重属性。高等教育的属性要求其所培养的学生必须具有与高等教育相适应的基础理论和专业基础知识，为学生能力、素质的培养和今后的持续发展打下基础；职业教育的属性要求其所培养的学生必须获得一定的职业技能，能把工程图纸转化为实物，把决策、设计等转化为直接的生产力形式。

社会的高级人才分为学术型和应用型两大类，普通高等教育培养学术型人才，注重培养学生的研究能力，强调学科体系的系统性与严密性，强调其理论形态；高职教育培养高端技能型人才，注重培养学生的实践、应用能力，利用已经发现的规律、定理为经济社会提供直接服务。可以说培养高端技能型人才是高职教育的根本目标，也是高职教育作为一种教育类型区别于普通高等教育，作为一种教育层次区别于中等职业教育的特征。它既不同于普通高等工科教育培养的理论型、设计型人才，也不同于中等职业教育培养的技能型人才。

为了实现这一培养目标，高职院校教育要求以能力为中心设计课程体系和教学内容。在教学形式上，不仅有一定的理论教学，使学生掌握基本理论与基本知识，更要有大量的实验、实习、设计、实训等实践教学，培养学生的综合职业能力。一般各类实训教学环节的比重要达到40%以上，要求学生毕业后便能顶岗工作，适应期很短或不需要适应期。高职院校教师的主要工作内容包括：①负责选用符合课程教学大纲要求的高质量、有特色的教材及教学参考资料；②负责课程的主讲、实践教学、辅导、答疑、批改作业（含实验报告）、考核等环节的组织实施与质量管理；③负责课堂纪律的管理，维持正常的教学秩序；④指导实验实习教学、课程设计、毕业设计；⑤组织指导生产实践、社会实践和社会服务；⑥开发实践课程、参与校企合作；⑦对学生进行职业道德教育和职业素质养成教育。

从上述的分析可以看出，成为一名优秀的高职院校教师，既要具备扎实的专业知识，又要具有丰富的专业实践经验，具有从事理论——实践一体化教学的能力；既要把握专业领域学术发展前沿，又要与行业及企业保持密切联系，时刻关注行业发展动态；既要具备较高的职业素养和良好的职业道德，又要注重对学生进行职业素质养成教育。因此，对高职院校教师的评价应突出高职院校教育的实践性、行业性、职业性的特点。

二、高职院校教师胜任特征要素的实践调查

根据以上所述，笔者通过对学生的问卷调查和教师的行为事件访谈来收集并提炼出相应的高职院校教师胜任特征要素。

首先，于2021—2022年选取湖南四所高职院校的在校生进行问卷调查，共发放问卷300份，实际收回271份，回收率90.3%。问卷形式设计为开放性题目“您认为高职院校的优秀教师应该具备哪些胜任特征？请依次列举出来并简述理由”。通过对调查问卷进行统计、分析、归纳，相同或相似项目进行合并，最后获得在校学生希望的教师胜任特征包括20个项目，并对这些项目出现的频次按降序排列。在学生心目中，排在前5位的胜任要素是丰富的专业知识、尊重关爱学生、公平公正、有人格魅力、能激发学生的学习兴趣。调查中，也对部分同学进行了访谈。学生们普遍希望老师最好是有丰富的专业知识和企业的实践经验；经常与企业打交道，了解行业的动态与市场信息；认真备课，讲课富有激情，能够激发学生主动学习的兴趣，特别是在课堂上能够调动学生参与的积极性；有人格魅力，善于和学生交流沟通；理解、关心学生，一视同仁；注重培养学生发现问题、分析问题、解决问题的能力等。

其次，运用行为事件访谈法（BEI），对选取的高职院校优秀教师及普通教师进行访谈，通过对他们关键行为特征的分析，甄选出高绩效教师具备的胜任力，构建教师胜任力模型。通过所调研高职院校人事部门的推荐，选取18名高职院校教师作为教学胜任特征的效标样本。其中优秀组9名，绩效普通组9名，分别对被试教师进行行为事件访谈，收集高职院校教师胜任

特征要素。

访谈内容主要包括两部分：第一部分是请访谈对象分别叙述自己认为在教育教学工作中最成功和最失败的三件事例；第二部分是开放式的问题，请访谈对象谈谈要成为一名优秀的高职院校教师应该具备哪些素质。通过统计访谈中胜任特征要素出现的频次、等级分数，提炼出相应的高职院校教师胜任特征要素。

通过访谈与总结，大多数教师都认为扎实、广博的专业知识与丰富的专业实践经验是一个高职院校教师基本的胜任特征。在实施成功教学方面，敬业精神、责任感、良好的语言表达能力、沟通能力、组织管理能力、自信、热爱学生、有影响力、上进心等因素起到了关键的作用。

三、高职院校教师胜任力模型的构建

笔者综合理论分析与实践调查所获取的 25 个高职院校教师胜任特征要素，采用李克特 5 点量表法，编制了《高职院校教师胜任力调查问卷》。问卷调查前首先做了预试，预试的目的是检验测量问卷中的题目编写的质量，并修改、删减、补充题目，为生成正式的胜任力调查测量问卷奠定基础。问卷中请被调查者对绩效优异的教师应该具备的工作行为按照重要程度（1 表示最不重要，5 表示最重要）打分。正式进行问卷调查时共向作者所在地区的四所高职院校的教师发放问卷 200 份，收回有效问卷 185 份，问卷有效率 92.5%。

本书中对于高职院校教师胜任力模型的探索性分析是应用 SPSS 软件中的因子分析方法实现的。因子分析是研究从变量群中提取共性因子的统计技术，即因子分析可在许多变量中找出隐藏的具有代表性的因子，将相同本质的变量归入一个因子，以较少几个因子反映原资料的大部分信息。我们以问卷调查的 25 项胜任特征要素作为 25 个原始因子，依据原始因子的得分作为数据信息，采用主成分分析法，提取公因子并命名。

进行因子分析时，首先要确定待分析的原有若干变量是否适合于因子分析。本书采用了 KMO 和球形 Bartlett 相关检验方法来对原始变量做相关分析，判断数据是否适合于作因子分析。检验结果显示 KMO 值为 0.82 大于

0.7，Bartlett 球形检验卡方值的显著概率为 0.000 小于 0.001，达到显著水平。检验结果表明，所获取的调查数据适合做因子分析。

然后，运用因子分析法，对原始因子进行分析、整合，提取公因子并命名。所采用的因子提取方法是主要成分分析法，按照特征值为 1 提取出 5 个公因子（见表 9－1），表 9－2 则反映了 5 个公因子对原有方差的解释情况：公因子 1 的方差贡献率为 28.94%，公因子 2 的方差贡献率为 13.94%……公因子 5 的方差贡献率为 7.91%。5 个公因子累计的方差贡献率为 69.57%，这说明，5 个公因子反映了原始变量 69.57% 的信息，具有较强的代表性。

表 9－1　因子归类表

公因子 1		公因子 2		公因子 3		公因子 4		公因子 5	
题目	载荷	题目	载荷	题目	载荷	题目	载荷	题目	载荷
T2	0.837	T12	0.869	T21	0.872	T10	0.723	T19	0.804
T6	0.802	T18	0.776	T22	0.756	T4	0.691	T17	0.761
T8	0.781	T9	0.697	T24	0.694	T16	0.596	T20	0.626
T15	0.604	T14	0.645	T5	0.563	T11	0.586		
T13	0.521	T13	0.582	T7	0.549	T25	0.578		
				T23	0.512	T1	0.514		
特征值	5.612				2.683		1.584		

表 9－2　公因子的特征值及方差贡献率

公因子	特征值	方差贡献率	累计贡献率
1	5.612	28.94	28.94
2	3.149	13.94	42.88
3	2.63	9.97	52.85
4	1.854	8.81	61.66
5	1.025	7.91	69.57

公因子 1 代表了教师具有的专业知识、教学设计与语言表达能力、课堂组织管理能力、积极探索职业教育的理念与方法、注重对学生进行职业道德

教育和职业指导。这些变量主要反映了高职院校教师基本的教学素养，故命名为教学素养。

公因子 2 代表了教师具有的专业实践技能专长、企业的实践经验、积极参与校企合作并与企业保持密切联系、从事应用技术方面的研究或推广技术成果的实际应用、掌握与所授专业相对应的行业动态并能将目前行业中的应用性技能传授给学生。这些变量主要反映了高职院校教师的实践特征，故命名为实践素养。

公因子 3 代表了敬业精神、责任感、尊重关爱学生、对学生公平公正、正直诚信、善于理解与倾听学生的需要及建议。这些变量主要反映了高职院校教师的职业道德特征，故命名为职业素养。

公因子 4 代表了具有成就动机、自信、善于学习与创新、善于总结与反思、良好心态、有影响力。这些变量主要反映了高职院校教师的个性特征，故命名为个性特质。

公因子 5 代表了人际交往中的协调沟通能力、团队协作精神、关系建立与维系能力。这些变量主要反映了高职院校教师的人际关系管理特征，故命名为人际管理。

本书通过对高职院校定位、办学目标、教师工作职责的理论分析以及对高职院校学生问卷调查、教师行为事件访谈的实践调查，获取并提炼高职院校教师胜任特征要素，从而编制高职院校教师胜任力调查问卷，最终运用统计分析方法探索构建了高职院校教师的胜任力模型。该模型包含教学素养、实践素养、职业素养、个性特质、人际管理 5 个维度 25 个胜任特征要素，见表 9－3。

表 9－3　高职院校教师胜任力结构模型

维度	胜任特征要素
教学素养	专业知识、专业教学项目设计与语言表达、课堂组织管理、职教理念与方法、注重职业道德教育
实践素养	专业实践技能、企业实践经验、校企合作、应用技术研究与社会服务、掌握行业动态
职业素养	敬业、责任感、尊重关爱学生、公平公正、正直诚信、理解与倾听

续表

维度	胜任特征要素
个性素养	成就动机、自信、善于学习与创新、善于总结与反思、良好心态、影响力
人际素养	协调与沟通、团队协作、关系建立与维系

此模型中，教学素养与实践素养属于冰山模型中的知识、技能层次，是容易改变的胜任特征；职业素养、个性特质、人际管理属于冰山模型中的态度、价值观、个性、动机层次，是不易改变的胜任特征，它们是个人驱动力的主要部分，可以预测个人工作上的长期表现。该模型与已有研究构建的教师胜任特征相比较，相同之处在于高职教师胜任特征也包含教学素养、职业素养及个性特质维度，意味着高职教师具有与普通高校教师共有的职业性胜任特征；不同之处在于高职教师具有专有的能将专业教学与典型的职业行动（工作领域）有机整合的专业教学项目设计能力、职教理念与方法的综合运用、注重学生的职业素养教育等教学素养特征，以及实践素养与人际管理维度中的各项胜任特征，这是由高职教育以就业为导向的“校企合作”办学模式以及“高技能应用型”人才培养目标决定的。

与同样强调实践教学观的高等工程教育相比：高职教育以就业、工作任务为导向，强调对学生关键工作能力的培养，主要采用校企合作、工学，结合的实践教学形式：而高等工程教育以设计、创新、大工程为导向，强调对学生工程通识教育的培养，主要采用产学研合作、工程训练中心的实践教学形式。二者培养目标和定位的不同，决定了在专业知识、专业技能、实践要求、教学设计、教学方法、思维、科研与创新等胜任特征上，对教师的具体要求是存在差异的。由于高职教师胜任力是一个多因素、多变量的复杂模型，加之相关研究文献较少，以及受时间、条件及成本等因素的限制，研究中难免存在一些不足，需要在未来的研究中进一步深化和完善：如增加调查样本的数量和地域性，对不同岗位、不同类型的高职教师的胜任特征加以细分，制定高职院校教师评价指标体系对高职教师胜任力进行测评等问题。

第十章 “互联网+”时代高职院校创新创业教育

第一节 “互联网+”时代高职学生创新创业解读

在2015年3月5日召开的第十二届全国人民代表大会上，我国明确提出了“互联网+”行动计划，并进一步阐释了将云计算、移动互联网、物联网、大数据等互联网技术与现代服务业、制造业相结合的必要性，从而促进互联网金融、工业互联网、电子商务等行业的健康发展，鼓励并积极引导互联网企业进军国际市场。这是“互联网+”这一概念首次出现在政府工作报告之中，并将互联网产业上升到空前的高度。这充分地表明了政府对互联网产业支持与鼓励的态度以及大力发展互联网产业的决心，同时互联网产业在国民经济发展中的基础性、战略性、先导性的地位也得到了国家层面的高度认可。然而，“互联网+”行动计划不能仅仅简单地定义为互联网与传统产业的硬性融合，而是应该通过行之有效的方式改造升级传统产业，并将社会、产业和人们的思想、生存状态进行深刻变革，甚至是从根源上进行颠覆性的变革与创新。

近年来，国家高度重视高职教育的发展，党中央、国务院十分关注大学生创新创业教育工作。党的十八大明确提出要加强高校大学生创新创业教育的支持力度。要进行高职院校教育体制改革，树立高职学生创新创业精神，以“大众创业、万众创新”为核心激发高职大学生的创造力，就要培养一批敢于承担风险、富有创新精神的高职院校创新创业人才队伍。然而，目前高职院校学生就业面临着诸多难题，提出“互联网 +”时代背景下高职院校创新创业教育改革这一理念，为解决高职学生就业困难这一问题开创了一条新路径，为高职教育发展开启了一条新思路。

第二节　“互联网 +”高职院校创新创业教育现状及改革

“互联网 +”时代之下，高职院校不仅仅面临着前所未有的机遇，其发展也面临着前所未有的新形势、新挑战，在形势不断快速地变革情况下，学校的改革思路一旦没有跟上和创新，在发展的过程中将即刻面临窘迫和落后的局面，如何应对这快速变革的时代，并且在这种变革中找准思路，提出适应性的路径是非常重要的。在此背景之下，高职院校如何适应社会变革的需求，有效推进创新创业教育，实现教育功能是当务之急。

一、高职院校创新创业教育现状

为了迎接创新创业教育改革的新形势，抓住机遇，许多高职院校积极地采取了很多应对和改革措施，在理念的更新和体制的改革上都进行了很多有益的探索和尝试，很多院校修改了人才培养方案，通过社团活动、大赛等营造了浓厚的创新创业氛围，相对于本科院校来说，高职院校即使做了更大的努力，但在效果上总是差强人意，在国家级赛事上竞争优势也不强，在教学上效果整体不突出，特别是在实践环节上科研成果的转化成了最大弱势，在对学生的访谈中也发现，较多高职院校的学生对创新创业停留在开小店挣钱的浅层次认识上。总之，高职的创新创业教育整体呈现出碎片化、片段化、零散化的局面。

（一）教育教学管理体系割裂

创新创业教育组织和管理方不明确，导致各部门的协同性不强，分工不明确。教务处、经管（系）学院、学工处、团委、就业处、创业学院及分管校长等大多是职位权责交叉，整体上并没有形成一套系统化的创新创业教育体系。从教学的设计到课程实施以及师资的培养，因为分属不同的部门，很难统一思路。同时，教学师资缺乏，双创教育教师大多是通过后期培训兼职教学，许多高职院校从事创业教育的老师大多没有接受特别的专业训练，同时教师在管理上又分属不同的专业和学院，在教学管理和教学思想统一上都难以明确，在某种程度上出现教学形式化，生搬硬套的创新、创业理论现象，缺乏企业管理教学经验，教师教学并未深入学生思想精髓，总体还是基于创新创业通识教育阶段，对于学生的独特性关注太少，教育认知偏失，缺乏完善的培养体系和方案。部分学校虽成立了创业学院，更多偏向于日常行政管理，缺乏完善人才培养方案、体系和系统研究，教师队伍分散，缺少与企业、社会的链接。

（二）实践实训体验缺乏

创新创业教育不同于传统的教学，实践实训是非常重要的环节。由于社会资源的缺乏，大部分院校只能在教学内开发实训模拟平台，教学方法采用沙盘、经营实训等直接转化，部分就是简单的流程模拟。创客空间更多是行政行为，缺乏健全的创客教育设计模式，创客教育人才、资金和资源严重不足。并且，对双创理解不深刻、师资薄弱、实践缺失等问题制约着众创空间的发展，也限制双创教育体系的成熟。创客空间出现泡沫化倾向，众创数量增长，水平参差不齐，发展模式雷同，未能体现核心优势，为可持续发展留下隐患。学科竞赛没有抓手，竞赛活动广泛分散，多为走形式，难以提升价值。

（三）学生创新创业认识不足

目前大多数高职院校对于学生的创新创业教育阵地依托的是课堂教学，以创新创业课程为主，有的学校是开的选修课，有的是必修课，有的甚至是在职业生涯规划等其他公共课中增加一部分创新创业教育内容，由于本身创新创业课程没有形成专门学科，再加上学生学习时间短，学生不仅对知识点掌握得不全面，更不用说教学能力和情感目标的实现，导致学生对创新创业的认识不全、知识缺乏，对于后期操作实践应用，暴露出其技能方面的弱势。同时由于实践环节的普遍缺失，创新创业理念没有内化到学生的内心，即使学校通过赛事等环节代替实践，但参赛学生缺乏社会经验，心理素质不强，又缺乏正确引导，不能真正发挥其内在优势。数理科技竞赛类功利性强，学生参与仅为增加学分资历，掩盖创新创业教育培养的真实价值。

（四）创业孵化成效参差不齐

创业孵化器或校企合作通过项目合作或学生培训方式进行，但校企合作多数是短期、不规范的，合作成效参差不齐。

虽然校企合作倍受政府和社会的关注，已成为评价院校双创成果的重要内容之一，但至今没有完备的体制保障，缺乏统筹规划，统一布局，学校适应企业需求的能力不强，校企联合培养人才的体制没有形成，企业参与职教发展的动力不足，在创新创业领域，并没有搭建起企业人力资源与学校人才培养间的通道。

综上所述，在整个创新创业教育体系中，从学校来看，管理割裂，出现管理真空现象，教育行政部门重复建设，资源无法实现共享，高校教师缺乏系统培养，在校学生认识不足，企业和投资者没有顺畅通道进入校园。从深层次来看，创新创业人才培养不成体系，各资源通道没有打通是一个重要的原因，大学生创新创业教育游离于高校主流教育体系外，成为一种边缘性教育类型。由于资源没有得到有效聚合，一方面在开展工作的过程中失去有效抓手，另外一方面让创新创业工作不成系统，无法体现时效性。

二、高职院校创新创业教育改革

（一）“互联网＋”时代背景下开展高职院校创新创业教育改革的必要性

随着互联网技术的飞速发展，我国高职教育改革迎来了新的挑战，高职院校学生就业问题也成为全社会关注的焦点。高职学生创新创业作为解决毕业生就业难问题的重要突破口，也为高职院校创新创业教育改革提出了新的机遇。“互联网＋”时代的各种竞争日益激烈，尤其表现在生存和发展方面的竞争，其本质就是创新与创业能力的竞争。高职院校实施学生创新创业实践活动，开展学生创新创业教育是时代发展的必然选择。

1. “互联网＋”时代背景下高职院校开展创新创业教育是时代之必须，发展之要务

目前，国际竞争实质是知识与经济的竞争。我国要实现经济工业化、知识化的转化与协调发展，就应抓住机遇，着重发展知识经济，提升全民族的创新创业意识和能力。大力发展高职教育已经成为我国教育领域的一个重要战略，加强高职学生的知识创新和技术创新能力，是提高国民经济的整体综合水平，应对国际经济实力的竞争，实现“两个一百年”奋斗目标和中华民族伟大复兴的战略选择。然而，从世界经济发展趋势来看，创新企业和创新产品越来越受重视，劳动力市场对具有独立创新创业能力的人才需求日益增加。因此，在“互联网＋”时代，高职院校应坚持开展学生创新创业教育，着力培养学生的创新创业意识及能力，从而使高职院校毕业生不仅是社会求职者，而且是社会创业者和工作岗位上的创新创造者，这已成为“互联网＋”时代和社会经济发展的迫切需要。

2. “互联网＋”时代背景下高职院校开展创新创业教育是高职院校服务地方区域经济发展的必然选择

在实现伟大中国梦的目标下，高职院校肩负着为国家培养并输送高素质、高技能、创新型应用技术人才的历史使命。高职院校应以培养学生创新创业能力为核心任务，从制度、观念、文化等方面加强自身的创新建设，不断增强高职院校服务地方区域经济发展的能力。面临信息化、知识化、经济全球化的新形势，高职院校为适应地方经济区域发展，在教育改革方面应选好结合点、找准切入点，紧紧围绕学生关注的焦点和热点问题进行传道解惑，引入创新创业的发展轨道。高职院校应将创新创业教育纳入必修课的行列，使学生树立创新创业的责任意识，发挥奋发向上的蓬勃动力，激发高职学生创新创业的激情，充分展现知识和技能优势，提升高职人才的核心竞争力，推动地方区域经济发展，服务社会，为建设创新型国家贡献力量。

3. “互联网＋”时代背景下高职院校开展创新创业教育是高职院校学生自我提升的重要路径

在科学技术飞速发展的今天，高职院校学生要想获得更多成功的机会，就应具有实践能力、就业能力、创新能力和创业能力这四种必备能力。高职

学生在学习和实践的过程中，在打好理论知识、文化修养、技术技能的基础上，加强自身就业技能和发展能力，提升个人的素质和技能；在掌握理论知识和专业技能的同时，加强高职学生创新创业素质的养成，不断提升他们的创新创业知识和技能。由此可见，在“互联网+”时代，高职院校开展学生创新创业教育是高职学生自我发展，实现自我价值的需要。因此，高职院校开展创新创业教育尤为重要。

（二）“互联网+”背景下开展高职院校创新创业教育改革的策略

“互联网+”时代相继萌发出新业态、新模式、新领域，这为高职院校教育改革提出了崭新的挑战。这种挑战将颠覆传统的教育理念，超前于高职院校原有的育人模式与规章制度。因此，在“互联网+”时代背景下高职院校开展创新创业教育改革势在必行。

1. 转变教与学理念，开展教育教学改革

“互联网+”时代的到来已经影响到高职院校的教育教学，高职院校创新创业的课程改革势在必行。高职院校未来课程改革的总体思路应该是：突破教材大纲、连通课堂网络、消除学科边界、实现个性目标、培养创新人才。

（1）“互联网+”时代需要新的教与学理论

目前，已经诞生了两种适应“互联网+”时代的教与学理论，一种是关联主义学习理论，另一种是新建构主义理论。这两种理论互为补充、相辅相成，共同指导“互联网+”时代的教与学。关联主义学习理论能够充分顾及学习的趋势以及学习技术与网络的使用。关联主义学习理论之所以能够适应“互联网+”时代的高职教育，是因为它可以细致地预测并描述“互联网+”时代知识与学习的变化，并提出“互联网+”时代的学习就是连通多个知识建构、建立知识网络的过程。而新建构主义理论是针对“互联网+”时代知识碎片化和信息超载的情况下，学习者在努力理解他们的经历时，积极致力于创造知识、创造学习。新建构主义理论不单纯是一种学习理论，更是一种新的思维的创新，通过这种包容性思维方式，最终实现知识创新的目的。这两种教与学理论的有机结合，正符合当今“互联网+”时代高职院校创新创业教学改革，为高职教育发展提供了教与学的理论支撑。

（2）“互联网+”时代将颠覆传统的高职教学模式

随着“互联网+”时代的到来，知识和信息的主要承载形式由纸质材料逐渐转移到互联网，人们浏览网页的时间也远远超过阅读书籍的时间。知识由书本转移到互联网之后，互联网成为获取知识与信息的主要来源，高职院校在教学模式上也应发生相应的转变，应将互联网作为教师教与学生学的重要场所。随着互联网技术的普及，在线学习和网络教育越来越凸显其优势，虽然这种形式不能完全取代面对面的传统教育模式，但是在线教育和网络学习不断向学校和课堂教学渗透，逐步成为颠覆传统高职教学模式的诱因。未来一段时间互联网将发展到高端时代，高职院校教与学的过程可转移到互联网上进行，知识在互联网上成型，教师在互联网上教授，学生在互联网上学习，信息在互联网上互动，线下的活动将成为互联网教学活动的重要拓展和补充，翻转学习成为主要的教育教学形式，从而实现“互联网+”时代背景下高职院校教学模式的改革，培养高职院校学生创新创业意识，提升他们的创新创业能力。

（3）“互联网+”时代将引领高职教学改革新方向

首先，高职教育应将互联网技术与课程教学整合，建立“互联网+”课堂教学的高职教学改革模式，把互联网带进课堂。教师应允许并鼓励学生在课堂上通过网络查找资料并提出问题进行探讨。教师也可以利用微信公众平台点名、布置作业等。每学期教师都可以留出两三个课时的时间给学生，让他们把通过互联网学到的知识与技能互相交流创新实践学习体会及经验，并开展互联网创新实践知识竞赛等活动，丰富学生学习生活、拓宽学生视野、激发学生创新活力。

其次，高职教育应将生活实践活动融入课堂。高职教育的课堂教学应从现实生活中寻求教学所需的内容和素材，排除学科之间的障碍，开展混合性、开放性、综合性的课堂教学模式。一是教学内容应以教学大纲为引领，以教材为基础，从生活工作实践和互联网中寻求真实案例和真实素材进行教学；二是将教学实践与研究创新相结合，在与学生分享教师自身的思考方法、研究过程、成功经验、失败教训的同时，使学生有所感悟并激发他们的创新创造能力；三是在课堂教学过程中抽出时间让学生分享自己从互联网上学到的新知识、新方法、新技能，交流思想，调动学生勤于思考、勇于探索的热情。

最后，高职教育应将创新创业教育理念引入课堂。在“互联网+”时代，学习的目标不仅仅是已有知识的传承，创新才是目的所在。高职院校要培养创新创业型人才，就应帮助学生建立起个性化的知识体系，因材施教，并培养学生创新创业思维。因此，高职院校应开设创新创业思维训练课程，主要以培养学生树立创新创业意识、了解创新创业知识、掌握创新创业方法、养成创新创业习惯为目标，最终提升高职学生创新创业能力，助其实现成功创业。

2. 借助“互联网+产业”模式，搭建创新创业实践平台

“互联网+”时代的到来，不仅仅是将互联网与传统产业进行简单融合，而是给社会、产业，乃至人们的生存状态带来深刻的变革。通过有效的手段和方式改造并升级传统产业，或进行颠覆式的创新，使之适应时代的发展。高职教育要跟随互联网发展的步伐，打破信息的不对称，激发院校内部的改革活力，调整优化校企合作布局，搭建“互联网+”产业的创新创业实践平台。高职院校可以通过构建“互联网+”校企合作创新创业实践平台体系，一方面，高职院校应组织高职教师到企业中学习并了解一线生产实际状况，进而改进教育教学方法，更好地开展教学工作；另一方面，高职院校可以组织学生到企业中学习实践，培养他们的操作能力和创新精神，提高高职学生的创新创业水平，从而推进高职教育产学研一体化进程。根据高职院校培养学生的专业特点和专业实际，搭建各类“互联网+”产业的创新创业实践平台，促进高职学生创新创业成果的孵化。

高职院校工业类相关专业可以通过搭建“互联网+工业”创新创业实践平台，通过互联网为学生搭建精准营销、客户交流的渠道，提升高职学生参与制造业的核心竞争力，同时推进工业制造模式从大规模制造向按需制造、个性化定制等模式演进。高职院校农业类相关专业可以通过智慧农业物联网、大数据等高科技手段，为学生搭建“互联网+农业”创新创业实践平台，通过高职学生实际操作了解开展互联网农业的实践流程，充分发挥学生的创新和创造能力，为学生借助互联网实现创新创业奠定基础。高职院校

服务类相关专业可以利用“互联网+服务业”这一实践平台，为高职学生提供高效、合作、创新、优质的营销实践机会，将理论知识与生产实践相结合，拓展高职大学生的创新创业能力。高职院校金融类相关专业可以搭建“互联网+金融”创新创业实践平台，模拟互联网金融操作方法及流程，针对互联网客户的投资兴趣，充分利用大数据时代的信息技术，在深入了解客户需求的基础上，发挥学生的创造能力创新理财产品，发展金融产业。

通过各类“互联网+”创新创业实践平台的建立，高职院校应构建高职学生创新创业实践体系，设立高职学生实习实训基地和创新创业活动基地，使他们充分意识到生产实践、顶岗实习等实践环节的重要性，将互联网与训练学生专业技能树立学生职业意识、培养学生创新创业精神相结合，进而增强学生的创新创业能力和实践操作能力，提升其综合素质。

3. 推动优质资源开放，完善资源共享体系

随着互联网技术的不断发展，教育领域也受到了“互联网+”时代的冲击，高职教育正面临着重大的转型和前所未有的挑战。然而，就目前来看，高职院校所占有的教育资源远远不能满足时代的需求，这就要求高职院校必须通过有效途径推动优质教育资源的开放，完善高职教育资源共享体系。

（1）打破院校壁垒，构筑开放共享数据的高职教育体系

在“互联网+”时代下，各个高职院校应打破院校之间的壁垒，实施数据开放，资源共享，构建开放共享数据的高职教育体系。同时，要实现社会公共信息资源的开放与共享，建立公共信息资源目录，搭建高职院校与社会公共信息资源共享交换平台。加强对高职院校和社会公共信息数据进行收集、存储、加工、传递、利用、反馈过程的深入挖掘、整理、运用及管理，发展高职院校与社会公共信息资源大数据建设，形成高职院校和社会公共信息资源的数据化体系，推动高职教育大数据的整合和深加工利用。

（2）开发高职教育资源，促进优质教育资源的整合、共享与利用

一是通过开展“互联网+”高职教育改革，深入推进“互联网+”高职院校创新创业教育改革，从而促进各类优质创新创业资源的共享与利用。高职院校可以建设“互联网+”创新创业教育试点，充分发挥互联网对高

职院校创新创业教育的支撑作用。二是通过建立高职院校教育管理、教师备课上课、学生学习等互联网支撑系统，改善高职院校原有的信息化条件以及应用水平，创新高职院校教育教学手段与模式，加快高职院校互联网智慧校园建设。三是通过开发与整合社会各类教育资源，高职院校应联合起来为师生搭建大规模互联网学习平台，建立高职院校创新创业教育服务共享体系，为高职师生提供在线学习、个性化学习、终身学习的服务。同时，政府部门应鼓励社会机构和企业单位深入挖掘自身需求，为高职学生提供创新就业机会，打造互联网服务平台，为高职师生提供开放式在线课程，进而协助高职院校开展大学生创新创业教育。

(3) 完善配套政策，建立健全工作机制和保障措施

高职院校开展“互联网 +”创新创业教育改革应有配套的工作机制，创新“互联网 +”高职院校创新创业教育模式。一是政府部门应研究并制定“互联网 +”时代背景下高职学生创新创业的优惠政策，并配套相应资金支持高职学生创新创业行动，也可采取多方融资等方式建立高职学生创新创业基金，加强高职学生就业和创新应用的投资，加大对高职学生创新型中小企业的资金支持，扶持其发展。二是政府应组织并引导研究机构、行业协会、知名企业、高职院校联合制定“互联网 +”时代背景下高职学生创新创业的规范标准和评价体系，出台评价指标体系，对高职学生创新创业水平展开评估，并进行合理的规范与指导。三是政府应加快制定法制保障体系，出台“互联网 +”时代背景下高职学生创新创业的管理办法，积极推进相关地方立法，加强对高职学生创新创业的保护，强化信息安全监管，规范互联网市场秩序。

第三节 “互联网+”高职院校创新创业教育网络资源应用

一、“互联网+”时代创新创业教育网络资源应用的优势

根据当前高职院校创新创业教育的实际情况，我们在高职学生创新创业教育体系中运用网络资源，建立信息化时代的创新创业教育体系。从创新高职学生的自主学习模式，促进高职学生良好的创业意识形成，培养高职学生的终身创业精神三个方面着手，充分发挥网络资源在创新创业教育中的独特作用。

（一）网络资源的运用，创新高职学生自主学习模式

信息化时代的飞速发展给高职学生网络学习带来了创新的理念，传统的课堂教学内容和教学方法都极大地限制了学生的学习方式，高职学生通过运用网络学习资源实现个性化的学习方式，进而优化自身的知识能力结构。丰富的网络资源为高职学生提供获取信息的最佳途径，网络的开放性和交互性为高职学生网上学习和交流提供了良好的平台，通过网络的虚拟空间进行交流和取长补短。通过获取足够的创业知识，进一步拓展了高职学生的创业思维，创新的学习模式和丰富的知识结构让高职学生在今后创业中游刃有余。

（二）网络资源丰富的图文信息，激发高职学生创业意识的形成

创业意识在整个创业过程中起着非常重要的作用，集中体现了创业者在创业全过程中的社会属性。运用网络资源创新学习可以促进高职学生创业意识的形成。网络通过计算机终端传达的信息是一种集文字、图形、声音、动画于一体的模式，通过这种形式能极大地调动高职院校学生的活动意识，从而促进高职学生创业意识的形成。高职学生在广阔的网络信息中选择时，不仅能够提高自身的选择能力，还可以提高思维的决策能力。高职学生通过在

虚拟世界低成本、高效率的学习，可充分地调动学生的创业意识和发挥学生的创业潜能。

（三）网络创业平台，可以历练高职学生的创业精神和创业能力

网络资源知识和信息的更新速度能够激发高职学生强烈的求知欲，激发高职学生学习的强大兴趣，通过运用网络吸收丰富的知识，从而形成优秀的创业思维丰富的网络资源为学生提供了足够的创业空间，高职学生可以根据自己的兴趣爱好和专业特点，充分发挥创作力和想象力，从而提升个人的创业能力，达到培养创业品质和创业精神的目的。良好的创业品质是培养创业精神的基本条件，对培养创业者创业的持久力有着重要作用。西方国家在培养高职学生创业精神这方面非常重视，创业的成败与创业精神有很大关系，因此，在利用网络创业和今后的人生创业中，培养高职学生的创业精神是十分必要的。

随着互联网信息化技术的高速发展，高校利用互联网技术来改革创新创业教育。目前，国内一部分高校已开始构建初具规模的创新创业教育网络平台，通过平台为高职学生提供一些创新创业政策和人才信息，开设创业网络课堂，提高学生的自主学习和创业能力。但网络创新课程和创业实践相对薄弱，无法满足高职学生对创业教学资源及创业实践项目的学习环境等潜在需求。因此，如何充分利用网络资源来适应信息化时代的发展需求，在高职院校建设一个创新创业教育网络信息交流平台，具有划时代的意义。

二、构建“互联网 +”时代高职院校创新创业教育网络平台

为了让高职院校学生更方便、更自由地进行创新创业理论的自主学习，促进高职学生创新创业思想交流和提升创新创业能力，在互联网大环境下利用云创业构建一个高职学生创新创业教育网络平台，主要内容包括最新的创业政策和人才信息资讯、灵活的教学资源、先进的网络教学管理、高职学生自主创业实践、创新创业测评、校企合作交流等多个项目，通过云平台将学校与企业信息集中起来经营、整合人才和社会资源，是网络时代高职院校创

新创业教育发展的必然趋势。

（一）改革教学模式，构建创新创业网络课堂平台

用于发布创新创业故事、创业步骤和方法、案例教学视频讲座以及模拟讲座等资源，可运用微课和头脑风暴等多样化形式进行生动有趣的网络课堂教学新模式，并给予创业的高职学生相应的学分。要调动学生的网络课堂学习兴趣，了解创业成功和失败的经验，通过师生在线交互进行实时对接，并对创业的全过程和结果进行创新创业测评。高职学生也可根据喜好对教学资源进行查看或下载，为高职学生了解创新创业提供了一个全方位的空间。

（二）加快信息一体化，打造创业系统资讯平台

展示高职学生创新创业政策最新动态和科研成果公告等信息。在网络时代信息资源是最好的财富，高职学生可以通过网络平台浏览最新发布的创新创业信息动态和创新创业培训信息，了解国家政策的支持力度，了解最新的创新创业科研成果，选择合适的创业项目，抓住创新创业的良好时机，为今后创新创业实践走向成功奠定基础。

（三）加强高职生创新创业能力培养，建立网络专题培训平台

这个平台主要是对部分有创业意愿或是已有创业实践的高职学生进行创业教育专题培训。为提高学生的实践能力，可开设网络“创业计划课程训练”和 SIYB（Start&Improve Your Business，创业培训）、KAB（Know About business，了解企业）创业课程培训，并将此培训纳入实践教学环节，给予相应的学分。目的在于帮助学生全面系统地学习创业技能，了解创业的过程和模式，学习创业的步骤和方法，培养自身的专业能力、企业经营管理能力和个人综合素质能力，提升高职学生自主创业意识和创业成功率。在创业学习中学会发现问题和解决问题的方法，提出思路和途径，树立主动性学习和终生学习的观念，增强解决实际问题的能力。

（四）创新科研水平，打造网络教育科研平台

利用网络发布创新创业大赛和创新创业科研项目申报及审核等相关信息。可利用教育科研平台组织高职学生参加创业计划大赛、电子商务竞赛等系列创业学科竞赛，也可组织学生参与教师科研项目，加强高职学生创新创

业能力训练，开展研究性学习和创新性实验计划科研项目申报评选。学生可方便快捷地通过创新创业教育网络平台浏览相关信息，并在线填报相关申报表格，管理者则通过网络教育科研平台对学生的申报材料进行网络统一评选审核，同时使用电子公章给评审意见加以确认。

（五）丰富教学手段，构建创新创业实践平台

创新创业教育的本质是实践性教育，在虚拟的网络空间，可以通过创业模拟软件为更多的学生提供创业模拟实践的机会，同时学习和推广“O2O”新型线上线下电子商务应用模式，充分利用微信、微博等渠道展开营销，并做好实践教学准备工作，从货源、网络推广到物流配送的整个全过程，最后完成电子商务交易，让高职院校学生最终从网络模拟实践走向实际自主创业。教师和学生可建立讨论群组进行相关讨论，实现高职院校学生与创业导师、创业者之间进行深入的在线交流，从而更大程度地提高高职院校学生创业学习的主动性，真正达到提高创业教育的效果的目的。高职院校学生可以通过网上创新创业测评了解和总结创业的成效。

（六）加大校企合作力度，共享校企合作网络资源

在开展创新创业教育的过程中，建立校企互融的校园文化有利于营造一个良好的创新创业教育氛围，企业丰富的创业经历能为高职学生提供创业的激情。高职院校可以充分利用企业文化资源，将合适的企业管理理念渗透到学校教育当中，形成未来校企合作的优秀校园文化。利用企业现有资源建立创新工作室、创业孵化基地、创业园以及“校企合作实训室”等校内外创新创业实训基地，通过校企源的整合利用，为高职学生创新创业人才培养需要提供良好的实训条件。

在校企合作共建的基础上，结合企业自身发展的需要，通过搭建一个平台空间发布产品研发、专利申报、技术合作交流等信息，高职院校学生可以通过平台空间搜寻合作机会和企业的经费赞助，不同企业之间也可通过平台共享网络资源，极大地促进高职院校学生与企业、社会之间的交流与合作。

三、建立“互联网+”时代高职院校创新创业教育保障机制

高职院校开展“互联网+”创新创业教育应有配套的保障机制，要抓住互联网发展带来的商机，要以社会需求为导向，快速适应网络时代的社会发展，不断改革和创新人才培养体制机制，充分利用校内校外的网络资源为高职院校学生提供更多更好的创业学习和创业实践机会，最终成为“互联网+”时代举足轻重的主力军。培养工作踏实、开拓创新的创业实践人才，努力培养具有开拓创新精神的创业人才，为实施创新驱动发展战略、建设创新型国家提供人才支撑。

（一）扩大校园网建设，创建网络教学机制

转变教学理念，改变传统的教学模式，扩大校网建设，加大无线网络覆盖区域，让高职院校学生无论在课堂还是在宿舍都能自由上网。创建网络教学机制，让高职院校学生无论在课内还是课外都能进行网络学习。鼓励高职院校学生以微信、微博、移动 App 等热门的社会化工具作为信息平台，开展创新创业知识培训和分享，通过在线交流讨论，丰富高职院校学生创业教育活动的方式。转变旧的教学评价机制，不能单单只偏重课堂教学，更要注重学生网络实践，激发学生网络创业的兴趣。同时，也要打造一支良好的创新创业师资队伍，构建适合各种专业的教师网络资源库，注重专业性和实践性有机结合，为网络教学开展做好在线交流创业指导跟踪服务，推进高职院校学生创业实践具体工作的有效展开。

（二）优化高职院校学生的网络创业环境，加强校企合作

优化高职院校学生网络创业教育环境，健全网络创业教育工作保障机制，在创新创业教育服务中心增设创新创业服务网络平台管理机构，保障高职院校学生网络创业工作的正常运行。深化高职院校学生网络创业意识，建立创新创业服务网站，为高职院校学生搭建网络创业服务平台、负责收集和整理创业信息以及发布创业信息和政策，为学生创业和就业提供及时、准确、重要的信息。强化校企合作，实现校企间各种网络创业资源的优化配

置。建立高职院校学生网络创业信息库，加强创业教育实践在线交互和跟踪指导，分享创业成功与失败的经验教训，这无疑对高职院校学生的网络创业教育提供了良好的环境。对企业而言，学校可以为企业输送大量实习生，帮助企业解决实际问题，同时让高职院校学生通过网络创业的成功案例，了解一线企业的实习、实践过程，从而产生创业的兴趣，对于高职院校学生来说是一种很好的创业教育。同时，打造校内外创客空间，创客活动内容要有挑战性，重点突出创业文化氛围。可以聘请国内外的知名创客、专家或是企业家来担任驻校创客导师。创客活动中师生的专利和成果的发布过程都由在线管理平台完成，为创业信息的整个过程管理和反馈提供便利。

（三）加强政府政策支持力度，加大创业资金的投入

政府部门应制定“互联网+”时代背景下创新创业的一系列优惠政策，并设立专门的创业资金用于支持自主创业，让门槛较低的高职院校学生有更多的创业机会和更大的创业成功率。除此之外，也可通过各种渠道采取多方融资等方式创建高职院校学生创新创业基金，加大对高职院校学生网络创业投资力度，尤其对高职院校学生互联网创新型中小企业给予政策和资金支持。对于一个刚进入创业阶段的高职院校学生来说，更需要政府部门和行业专家给予必要的创业指导，从而让创业的高职院校学生更有信心。同时，适当放宽国家政策相关的限制条件，鼓励更多的高职院校学生参与创业并在全社会中形成一种良好的创业氛围。

参考文献

［1］柴坚，杨楚．基于系统思维的创新创业教育协同机制研究［J］．创新与创业教育，2021，12（05）：65－71.

［2］常晓宇．高职院校思想政治教育如何在大学生创新创业教育中发挥积极作用［J］．产业与科技论坛，2022，21（12）：128－129.

［3］陈民著．高职特色的创业教育和创业文化研究［M］．杭州：浙江工商大学出版社，2018.02.

［4］陈小军．高职院校大学生创新创业教育效果评价影响因子浅析［J］．时代汽车，2021（17）：103－104.

［5］陈燕，崔顾芳．新时代高职院校大学生创新创业教育实践探索［J］．教育与职业，2019（22）：52－57.

［6］成希．研究型大学创新创业教育生态系统构建研究［D］．长沙市：湖南师范大学，2018.

［7］程皓．高职院校大学生创新创业教育管理体系构建研究［J］．连云港职业技术学院学报，2019，32（04）：72－74.

［8］邓雄峰．乡村振兴背景下农林高职院校大学生创新创业教育的路径［J］．经济师，2022（10）：163－164.

［9］高宁．创新创业背景下教育教学改革研究——评《创新思维与创业教育》［J］．林产工业，2019，56（12）：109.

［10］韩欣玮．基于大学生自主创业及高校创业教育的政策支持问题的研究［D］．西安市：西安科技大学，2014.

［11］蒋冠周，冯健娜．高职院校大学生创新创业教育现状调查及对策

研究——以广东建设职业技术学院为例［J］．中国大学生就业，2019（01）：60－64.

［12］蒋小三．高职院校大学生创新创业教育改革实践路径研究［J］．湖北开放职业学院学报，2022，35（19）：9－10＋16.

［13］匡艳丽，林于良．“互联网＋”思维嵌入高校创新创业教育课程建设研究［J］．教育探索，2018（01）：66－69.

［14］李爱华，杨淑琴主编．大学生创新创业教育［M］．上海：上海交通大学出版社，2018.06.

［15］刘甲坤，李亚光，万利．设计思维融入高校创新创业教育的教学模式研究［J］．高教学刊，2020（30）：41－45＋50.

［16］骆玉，杜梦菲．高职院校女大学生创新创业教育需求调研分析［J］．河北农业大学学报（农林教育版），2018，20（06）：76－82.

［17］潘佳妮．新时代高职院校大学生创新创业教育实践方法探究［J］．湖北开放职业学院学报，2022，35（07）：7－8.

［18］卿臻，罗兰芬主编；蒙振，刘海新，谭小燕副主编；邓菲，邓云飞，李冬等编委．大学生创新创业教育［M］．北京：国家行政学院出版社，2018.08.

［19］孙爱花．“大众创业、万众创新”背景下大学生创新创业教育研究［J］．高教学刊，2022，8（02）：34－37.

［20］唐培和，徐奕奕，唐新来，秦福利．基于“计算思维”之创新创业教育分析与思考［J］．国家教育行政学院学报，2016（05）：48－53.

［21］童晓玲．研究型大学创新创业教育体系研究［D］．武汉市：武汉理工大学，2012.

［22］王刚．基于高校思想政治教育视野下的创业教育研究［D］．重庆：重庆工商大学，2010.

［23］王海亮，刘祚祚．新时代大学生创新创业教育实践课程体系构建［J］．吉林师范大学学报（人文社会科学版），2021，49（06）：103－109.

［24］王学智．大学生创业中创新能力养成机制研究［D］．合肥：中国科学技术大学，2017.

［25］吴光明著．中国高职院校创新创业人才培养的理论与实践［M］．沈阳：东北财经大学出版社，2016.05.

［26］夏远．研究型高校大学生创业人力资本评价研究［D］．北京：北京科技大学，2020.

［27］许冬梅．创业教育视角下的高校创新思维培养路径［J］．科技与创新，2021（05）：105－107＋109.

［28］闫高原，蔡慧，杨宁，程强强．高职院校专业教育中创新创业思维的培养研究［J］．创新创业理论研究与实践，2020，3（19）：64－66.

［29］袁芳逸．我国大学生创业教育研究［D］．武汉：武汉理工大学，2016.

［30］张芬．产教融合背景下高职院校大学生创新创业教育现状与改革路径［J］．苏州市职业大学学报，2021，32（02）：66－69.

［31］张红专编著．高职院校学生创业教育研究［M］．长沙：国防科技大学出版社，2008.06.

［32］张慧．高职院校创业教育组织的功能及其实现研究［D］．天津：天津大学，2020.

［33］张硕．基于第二课堂建设对创新创业教育中创新思维培养的研究［J］．当代教育实践与教学研究，2017（12）：154－156＋140.

［34］赵江林，邹强，张崟，谢贞建，彭镰心．《食品微生物检验技术》课程实践教学改革探索［J］．食品与发酵科技，2018，54（03）：85－88.

［35］周伟花．浅谈高职院校大学生创新创业教育工作的培养路径［J］．佳木斯职业学院学报，2021，37（07）：157－158.

［36］卓泽林，龙泽海，徐星蕾．高校大学生创新创业教育的有效途径及困境：一项循证研究［J］．中国电化教育，2022（06）：80－88.